Hacia una evaluación psicopedagógica inclusiva

Cómo convertirla en una pieza clave para una escuela preocupada por todos y todas, sin excepción

Ignacio Calderón Almendros
Jesús J. Moreno Parra
(coords.)

Colectivo AlterEvaluación

Hacia una evaluación psicopedagógica inclusiva

Cómo convertirla en una pieza clave para una escuela preocupada por todos y todas, sin excepción

Autoría: Victoria Burriel Navarro, Ignacio Calderón Almendros, María José Gómez Corell, David González Gándara, Raúl R. López Reyes, Jesús J. Moreno Parra, Marisensi Muñoz García, Susana Pérez Vilariño y Marta Sánchez Blanco

Ilustraciones: David G. Gándara

Prólogo de Mel Ainscow

Octaedro

Colección Horizontes Educación

Título: *Hacia una evaluación psicopedagógica inclusiva. Cómo convertirla en una pieza clave para una escuela preocupada por todos y todas, sin excepción*

Este documento ha sido elaborado por el Colectivo AlterEvaluación, que ha desarrollado su trabajo enmarcado en los proyectos de investigación «Narrativas emergentes sobre la escuela inclusiva desde el Modelo Social de la Discapacidad. Resistencia, resiliencia y cambio social» (RTI2018-099218-A-I00) y «Narrativas emergentes para la construcción de escuelas inclusivas» (PID2022-140193OB-I00), financiados por el Ministerio de Ciencia, Innovación y Universidades.

Primera edición: diciembre de 2025

© Ignacio Calderón Almendros y Jesús J. Moreno Parra (coords.)
© de las ilustraciones: David G. Gándara

© De esta edición:
Ediciones OCTAEDRO, S.L.
C/ Bailén, 5, 08010 Barcelona
Tel.: 932464002
www.octaedro.com
octaedro@octaedro.com

ISBN: 978-84-1079-235-7
Depósito legal: B 25312-2025

Diseño y producción: Octaedro Editorial

Impresión: Ulzama

Impreso en España / *Printed in Spain*

Sumario

Miembros de AlterEvaluación con Mel Ainscow (San Sebastián, marzo 2024)

Prólogo

MEL AINSCOW*

En algunos países, la educación inclusiva todavía se considera, mayoritariamente, como un enfoque para atender a los niños y niñas con discapacidad dentro de los entornos de educación general. Sin embargo, a nivel internacional se considera cada vez más como una reforma que responde a la diversidad entre todos los estudiantes (UNESCO, 2020).

---

* Mel Ainscow es catedrático de Educación en la Universidad de Glasgow (Reino Unido), profesor emérito en la Universidad de Manchester (Reino Unido) y profesor adjunto en la Universidad Tecnológica de Queensland (Australia). Sus trabajos sobre educación inclusiva son fundamentales en el terreno internacional y han sido traducidos a más de 20 idiomas. Algunos ejemplos de sus escritos pueden encontrarse en *Struggles for equity in education: the selected works of Mel Ainscow* (Routledge World Library of Educationalists series, 2015), y en su último libro, recientemente publicado en español, *Un giro inclusivo a la equidad* (Narcea, 2025).

No es baladí que una figura como la de Mel Ainscow, cuyo trabajo viene orientando buena parte de las políticas y prácticas inclusivas en todo el planeta desde hace décadas, abra este libro. Su presencia aquí es un importante apoyo a las construcciones que en esta guía se proponen.

Las ideas presentadas en esta publicación adoptan esta formulación más amplia, a la que me he referido anteriormente, que implica un «giro inclusivo» (Ainscow, 2007). Este pensamiento supone que el objetivo de la educación inclusiva es eliminar los procesos de exclusión de la educación que son consecuencia de las actitudes y respuestas a la diversidad de raza, clase social, etnia, religión, género y logros, así como en relación con las discapacidades. Como tal, parte de la creencia de que la educación es un derecho humano básico y la base para una sociedad más justa.

Educación inclusiva

La perspectiva inclusiva fue impulsada en 1994 por la Conferencia Mundial de la UNESCO en Salamanca sobre Necesidades Educativas Especiales. El documento internacional más significativo que jamás haya aparecido en el campo de la educación especial, la Declaración de Salamanca, sostiene que las escuelas ordinarias con una orientación inclusiva son «el medio más eficaz para combatir las actitudes discriminatorias, construir una sociedad inclusiva y lograr la educación para todos». Además, sugiere que dichas escuelas pueden «proporcionar una educación eficaz para la mayoría de los niños y mejorar la eficiencia y, en última instancia, la rentabilidad de todo el sistema educativo».

Este enfoque radical sugiere que el progreso será mucho más probable si se reconoce que las dificultades experimentadas por los estudiantes son el resultado de las formas en que las escuelas están actualmente organizadas, la naturaleza del currículo y las formas de enseñanza que se brindan. En consecuencia, las escuelas deben reformarse y la pedagogía debe mejorarse de manera que las lleve a responder positivamente a la diversidad del estudiantado, viendo las diferencias individuales no como problemas que deben solucionarse, sino como oportunidades para enriquecer el aprendizaje. Dentro de esta conceptualización, tener en cuenta las dificultades experimentadas por el alumnado proporciona una agenda para la reforma y ofrece perspectivas sobre cómo se pueden llevar a cabo tales reformas.

Un enfoque basado en principios para la educación

Dar un giro inclusivo requiere que miremos el desarrollo educativo de otra forma. Esto se basa en la creencia de que los cambios metodológicos y organizativos realizados en respuesta a las dificultades de los estudiantes pueden, bajo ciertas condiciones, beneficiar a todos los niños y niñas.

Específicamente, requiere alejarse de las explicaciones del fracaso educativo que se concentran en las características individuales de los niños y sus familias hacia un análisis de las barreras para la participación y el aprendizaje que experimentan los estudiantes dentro de los sistemas educativos. Aquí, la noción de «barreras» llama nuestra atención sobre las formas en que la falta de recursos o de experiencia, los planes de estudios o los métodos de enseñanza inapropiados y las actitudes negativas pueden limitar el progreso educativo del alumnado.

Mis colegas y yo hemos definido esta perspectiva como una perspectiva «basada en principios para la educación» (Ainscow et al., 2006). Esto conlleva:

- Un proceso para aumentar la participación de los estudiantes y reducir su exclusión de los currículos, culturas y comunidades escolares de su localidad.
- Reestructurar las culturas, políticas y prácticas en las escuelas para que respondan a la diversidad de estudiantes en su localidad.
- La presencia, participación y logros de todos los estudiantes vulnerables a las presiones excluyentes, no solo aquellos con discapacidades o aquellos que están categorizados como «con necesidades educativas especiales».

Ciertas características de esta forma de conceptualizar la educación inclusiva son de particular importancia: la inclusión se refiere a todos los niños y jóvenes en las escuelas; se centra en su presencia, participación y logro; la inclusión y la exclusión están vinculadas entre sí, de modo que la inclusión implica la lucha activa contra la exclusión, y la inclusión es concebida como un proceso interminable.

Las funciones del personal de apoyo especializado

A medida que los sistemas educativos avanzan en una dirección inclusiva, muchos profesionales tendrán la necesidad de ajustar su forma de trabajar. En particular, significa cambios significativos en el trabajo de aquellos cuyo rol los involucra en evaluar el progreso de estudiantes particulares y asesorar sobre las formas de apoyo que pueden ser necesarias, tales como docentes con experiencia en relación con niños con discapacidades, orientadores escolares y logopedas. Este libro proporciona una guía útil sobre las implicaciones para su trabajo.

> **El PERSONAL ESPECIALIZADO** HA DE ALEJARSE DE UN ANÁLISIS DE LAS CARACTERÍSTICAS DE ESTUDIANTES PARTICULARES HACIA UNA PREOCUPACIÓN POR LOS FACTORES CONTEXTUALES

Es importante recalcar que los cambios que se requieren en el trabajo del personal especializado implican un cambio de perspectiva fundamental. En pocas palabras, esto conlleva alejarse de un análisis de las características de estudiantes particulares hacia una preocupación por los factores contextuales que limitan el progreso de algunos estudiantes. Al adoptar esta postura diferente, el personal especializado puede continuar con su papel histórico de apoyar a los estudiantes vulnerables, pero de nuevas maneras que tienen el potencial de tener un impacto en todos los estudiantes.

Una postura diferente

Estas nuevas formas de trabajar requieren alejarse de lo que a veces se denomina un «modelo médico» de evaluación, dentro del cual las dificultades educativas se explican, principalmente, en términos de las deficiencias del alumnado. Este pensamiento impide el progreso en el campo, sobre todo, porque distrae la atención de las preguntas sobre por qué las escuelas no logran enseñar con éxito a tantos estudiantes.

En contraste con el modelo médico, la orientación que informa los movimientos para promover la inclusión en la educación está informada por un «modelo social» para responder a las diferencias de los estudiantes. En lugar de centrarse en las características de los niños individuales, implica una evaluación de las barreras contextuales que enfrentan algunos estudiantes y una identificación de los recursos, en particular los recursos humanos, que se pueden movilizar para superar estas dificultades (Ainscow, 2020).

El personal con experiencia especializada tiene un papel importante que desempeñar para poner en práctica este pensamiento, sobre todo, trabajando en colaboración con los docentes de aula para desarrollar formas de trabajo inclusivas. También se encuentran en una posición clave para fomentar el uso de enfoques colaborativos de resolución de problemas que involucren al estudiantado y sus familias.

Orientación y apoyo

Este libro reconoce la importancia del papel de los orientadores escolares, particularmente en la democratización de las escuelas. Su importante labor para hacerlas más equitativas e inclusivas será decisiva para apoyar los nuevos avances de otros profesionales y actores de la comunidad.

A medida que se introduce este nuevo pensamiento, la experiencia del personal especializado en recopilar y analizar evidencia contextualizada se convierte en un recurso importante sobre el que asentarse. Sin embargo, los profesionales necesitarán orientación y apoyo a medida que asuman este trabajo diferente, como se explica en este importante libro.

Probablemente, la mayor contribución del libro sea acompañar a quienes quieren cambiar sus prácticas para apoyar movimientos que hacen más inclusivas las escuelas. Este primer paso es difícil y crucial, y hacerlo acompañado del grupo de profesionales que ha elaborado esta guía puede facilitar el proceso.

Miembros del colectivo en el Workshop Orienta escuchan a una madre y docente, en la Universidad de Málaga (Málaga, febrero 2018)

Acerca del colectivo AlterEvaluación

Desde junio de 2020, un nutrido grupo de orientadores y orientadoras comenzó a reunirse *online* para dar respuesta a una de las principales problemáticas señaladas un tiempo antes en el WorkshopOrienta: Nuevas miradas hacia la orientación escolar, para la infancia y contra la segregación (2018) y en las Conversaciones sobre la escuela (inclusiva) (2020): la función selectiva y los efectos excluyentes de las prácticas habituales de los equipos de orientación escolar. La intención con estas reuniones, que ya había tenido avances previos a partir del Daguerrotipo de Raúl López durante los años anteriores, era la de **generar un nuevo modelo de evaluación psicopedagógica orientado a la inclusión** que pudiera ser de utilidad para cualquier profesional que pretenda transformar sus prácticas ante las nuevas demandas que la sociedad hace a la escuela.

El proceso ha sido complejo. El grupo de trabajo se constituyó con unos 50 profesionales de diferentes territorios del Estado español. Con reuniones periódicas, fuimos generando debates a partir de las experiencias de todo el equipo, reflexionando con la ayuda de lecturas y poniendo en juego todo el saber profesional que se daba cita en las reuniones. Además de la treintena de reuniones mantenidas por videoconferencia, hemos disfrutado de diferentes encuentros presenciales que, a modo de convivencia, nos permitían conocernos mejor y desarrollar nuestras ideas en común, encontrar, deshacer y construir nudos en nuestras perspectivas, contrastar planteamientos y desarrollar nuestra capacidad para aprender de las diferencias, en el claro deseo de construir algo más allá de lo que cada persona podría hacer por sí misma. Muchas de estas sesiones fueron grabadas para su posterior análisis y quedaron como documentación de la tremenda tarea desarrollada por este equipo de profesionales.

De todo ello se ha destilado el presente trabajo en forma de guía, que pretendemos implementar en diferentes centros y que ponemos a disposición para que cualquiera pueda adecuarlo a su propia realidad. Un trabajo que revoluciona la evaluación psicopedagógica y que aterriza en una nueva forma de concebir la actividad de los equipos de orientación. La guía tiene un carácter muy práctico para que pueda ser llevada de forma flexible a la reconstrucción de las culturas, políticas y prácticas de cada centro en particular. Este primer paso de experimentación será tenido en cuenta para el contraste y la mejora de la herramienta.

Por otra parte, este colectivo no ha caminado solo. De hecho, algunos de los encuentros han sido aún más excepcionales porque hemos contado con la presencia de estudiantes, madres y padres, docentes y activistas en general que nos han ofrecido sus perspectivas, lo que alimentaba nuestras ideas y el deseo de construir una herramienta útil. Todos estos agentes colaboradores han construido una caja de herramientas que puede y debe combinarse con esta guía, a saber:

- **Guía cómo hacer inclusiva tu escuela** (https://minifi.ca/u5fB0), hecha por el colectivo Estudiantes por la inclusión (https://minifi.ca/V5CU_) y dirigida a que sean los estudiantes los que generen sus propios procesos de mejora en sus escuelas.

- **Guía cómo disentir** (https://minifi.ca/nLg6j), creada por un colectivo de madres (Radikales Desadaptadas –https://minifi.ca/bxuoS–) para provocar transformaciones en las escuelas de sus hijos e hijas.
- **Guía cómo hacer investigación-acción participativa** (https://minifi.ca/b_Ba_), que parte de la experiencia de una escuela, el CEIP La Parra (Almáchar, Málaga) (https://minifi.ca/hR3h7), que tiene en marcha un proceso que cuenta con todas las voces de la escuela para mejorar la convivencia del centro.
- **Caja de recursos: Llegando a todos los estudiantes** (https://minifi.ca/oNpnA), creada por la Oficina Internacional de Educación de la UNESCO para apoyar la inclusión y la equidad, fomentando formas de aprendizaje colaborativo en una escuela o grupo de escuelas, en cursos de formación del profesorado y en talleres de formación continua para docentes.
- **Análisis y propuestas para una nueva ley educativa** (https://minifi.ca/Ft5RV), un trabajo coral entre alumnado, familias, profesionales, equipos directivos, investigadores/as y responsables políticos de toda España sobre las escuelas que tenemos y cómo hacerlas para todas las personas, que ofrece directrices para mover las políticas públicas sobre educación.

Este conjunto de materiales (disponible de forma gratuita en https://creemoseducacioninclusiva.com/) puede ser utilizado por separado, pero también puede usarse como un puzle que inicie procesos completamente compatibles e interdependientes basados en la participación de la comunidad para la transformación de la escuela. La Red de escuelas por la inclusión y la equidad de Quererla es Crearla está siendo un excelente campo de desarrollo de estas herramientas. La primera guía está dirigida a la revalorización de la voz del alumnado, la segunda para mejorar la participación en el centro, la tercera para el trabajo a nivel de centro, la cuarta para trabajar con equipos docentes y la quinta para hacer incidencia política. **La última, la que tienes en tus manos, pretende revisar el trabajo a nivel de aula con un nuevo enfoque orientador.**

A su vez, hemos comenzado a hacer redes territoriales de formación en las que los propios creadores y creadoras de la guía ponen sus reflexiones y aprendizajes al servicio de otros miembros interesados en transformar sus prácticas. ¡Te animamos a unirte! Puedes encontrar más información en https://minifi.ca/BJjfr

Miembros de AlterEvaluación en diferentes encuentros y formaciones:
Forcarei (2021), Axarquía (2021), Málaga (2021), Almàssera (2022),
Madrid (2022), Menorca (2023), Barcelona (2024), Cádiz (2024),
San Sebastián (2024), Rota (2025) y Barcelona (2025)

1. Introducción:
La voluntad colectiva de hacerlo suceder

Según Michael Fullan (2007), el cambio educativo es técnicamente simple, pero política y socialmente complejo. También lo plantea de este modo Mel Ainscow: lo complicado es que todos rememos en una misma dirección. Estos dos grandes referentes internacionales del cambio educativo ponen el énfasis en construir la voluntad colectiva de hacerlo suceder. Es ese compromiso colectivo, que no es de un docente o una orientadora, sino de toda la comunidad escolar, el único que puede generar los cambios reales y sostenibles de hacer más inclusiva la escuela.

Construir cambios en la escuela requiere, siguiendo a Fullan (2007), entre otras cosas, definir objetivos claros para hacer confluir apoyos, construir cambios en todos los niveles del sistema educativo —siendo imprescindible la transformación de la función evaluadora de la orientación (Echeita y Calderón, 2014; ONU, 2017)—, hacer ver que los cambios que se proponen son útiles y posibles y utilizar los datos como herramienta fundamental para generar el cambio. Todo ello está en la base de esta propuesta, que pretende impulsar ese cambio necesario con el apoyo de este y otros recursos complementarios mencionados en la introducción.

Para hacer más inclusiva un aula y una escuela lo que hay que hacer es relativamente sencillo, y podríamos dividirlo en cuatro ámbitos:

- **Cooperación.** Incrementar la cooperación entre todas las personas implicadas en el aula es clave para hacerla progresar. Cuando colabora el alumnado se multiplica exponencialmente la cantidad de apoyos disponibles para mejorar el aprendizaje, aprenden a relacionarse más y mejor, y todo ello redunda en una mejora del bienestar emocional. Si colabora el profesorado entre sí, tenemos repercusiones positivas en la calidad de las propuestas curriculares y en el ámbito emocional. Si colaboramos con las familias, mejora el progreso del aprendizaje del alumnado, construimos aprendizajes más situados y aumenta la satisfacción del profesorado, el alumnado y las familias.
- **Relaciones y bienestar emocional.** En un aula donde se cuidan las relaciones y el bienestar social, se aprende mejor, se participa con mayor facilidad, independientemente de las características de cada cual, y se genera un contexto acogedor. El vínculo entre las personas es el principal motor que nos lleva a aprender unas de otras.

- **Flexibilización de la propuesta curricular.** Hacer que la propuesta curricular incluya las diferencias culturales, sociales y personales que contiene la población a la que va destinada es un requisito de cualquier propuesta inclusiva. Entonces, un paso inevitable es posibilitar propuestas creativas que ayuden a que todo el alumnado se involucre, esté activo aprendiendo y se desarrolle habilitando diferentes posibilidades para construir proyectos comunes.
- **Participación.** Participar es lo contrario a ser cosificado. Es un proceso a través del cual las personas se convierten en sujetos, dejando atrás la asunción de ser tratadas como objetos. Nuestra pretensión, entonces, es hacer que participe toda la comunidad, posibilitando que los roles tradicionalmente pasivos se tornen en dueños del proceso de mejora del aula: alumnado y familias tomando decisiones sobre la vida del aula junto al profesorado, que asume un papel creativo.

PODEMOS ACOMPAÑARNOS Y ASÍ FACILITAR EL DESARROLLO PROFESIONAL DE CUALQUIER ORIENTADOR Y ORIENTADORA QUE DESEE CONSTRUIR SUS PRÁCTICAS DE ACUERDO CON LOS DERECHOS HUMANOS

La propuesta que aquí presentamos aborda estos cuatro pilares. Es decir, sabemos que cuando un docente nos pida colaboración como orientadores u orientadoras nuestra colaboración generará mejoras en estos cuatro ámbitos, sea cual sea el tipo de demanda que recibamos. Las intervenciones vendrán a incidir en ellos y abordarán las necesidades citadas de definir nuestro cometido, mostrar la utilidad y posibilidad de hacer esos cambios y hacerlo sobre la base de evidencias.

Nuestro trabajo consistirá en acompañar y facilitar para que la comunidad que conforma un aula —profesorado, alumnado, familias y personal no docente— se implique en detectar dificultades, diseñe mejoras, las aplique, persista en desarrollar soluciones y las evalúe. Esta es la dificultad técnica, que desarrollaremos a lo largo de estas páginas. Pero lo fundamental, como decíamos, es querer que suceda y ponernos de acuerdo para llevarlo a cabo.

El colectivo de la orientación puede, a su vez, darse soporte a sí mismo de una forma alejada a cualquier atisbo de corporativismo. En realidad, deseamos hacer frente, también, a esta tendencia de cualquier cuerpo profesional. Para ello, podemos acompañarnos y así facilitar el desarrollo profesional de cualquier orientador y orientadora que desee construir sus prácticas de acuerdo con los derechos humanos. Este sustento que nos demos puede ayudarnos a superar el miedo a comenzar a caminar en una dirección radicalmente distinta a la que se nos presenta como única e inamovible. Venciendo ese miedo, que todos y todas sentimos al dar el paso hacia algo desconocido, pueden ocurrir cosas que nos sitúen en una posición amable también con quienes más sufren en las escuelas. El apoyo mutuo es fundamental para que pueda darse esa voluntad social de hacerlo suceder en nuestro colectivo. Y aquí no hay muchas posibilidades, o lo hacemos suceder o, como colectivo, seremos una barrera para la inclusión. Necesitamos remar en una misma dirección, y esto implica buscarnos, expresar nuestras inquietudes, necesidades, miedos y deseos, diseñar propuestas juntos y plantear mejoras a este material que solo pretende ser un punto de partida: **que el camino se hace al andar.**

2. Sentar unas bases sobre eso que llamamos educación inclusiva

Como decíamos, no podemos generar un proyecto como el que nos traemos entre manos si no tenemos una dirección clara en la que desarrollar nuestros esfuerzos. Trabajar por la mejora educativa y por la democratización de la enseñanza es una tarea ardua que genera zozobra, que remueve emociones y que, a menudo, genera inseguridad. Por eso es tan importante construir un claro norte, particularmente en una profesión como la orientación, en la que todo está muy burocratizado y, por tanto, muy encorsetado, protocolizado y dirigido. Salir del camino prefijado requiere de una alta dosis de seguridad que, en el inicio del proceso, es difícil de tener.

En nuestro grupo hemos manifestado una y mil veces esta sensación de angustia generada por dos grandes razones: la primera, por saber que lo que hacemos en la actualidad no está a la altura de la escuela que merecen nuestros niños, niñas y jóvenes. La segunda, por no saber muy bien cómo hacer un cambio, por la inseguridad de hacerlo en soledad y por la complejidad de construir un nuevo itinerario que camina por lugares inexplorados. Nos adentramos, por tanto, en una aventura. Y las aventuras no pueden ser previamente dichas. Sí que pueden y deben, si queremos que sean seguras, ser bien planificadas y dirigidas. En nuestro caso, todo esto lo hemos asentado en la evidencia científica internacional en relación con nuestras propias experiencias, pero también en los debates y reflexiones ideológicas que hemos leído, y que también hemos protagonizado. Con eso hemos construido un norte y, en cierta medida, una brújula, para ubicarnos en el mapa de la actualidad educativa y social y para que nos oriente, también, a quienes pretendemos orientar. Un error en nuestra hoja de ruta puede significar un daño irreparable en las vidas de muchas personas.

2.1. Situarnos ante lo definido mil y una veces

el concepto de «educación inclusiva» no tiene una larga historia. Se trata de una propuesta joven, pero que ha causado un gran impacto en la construcción de políticas públicas internacionales, a pesar de que en ellas existan también grandes resistencias. La Declaración de Salamanca (UNESCO, 1994) supuso un gran impulso para un proyecto que, tal como allí se proclamó, «**reclama una gran reforma de la escuela ordinaria**».

El término «educación inclusiva» ocupa ya un lugar destacado en la agenda pública internacional hasta el punto de haberse sustanciado como el objetivo 4 de la Agenda 2030 para el Desarrollo Sostenible: «Garantizar

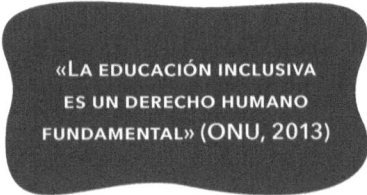

«LA EDUCACIÓN INCLUSIVA ES UN DERECHO HUMANO FUNDAMENTAL» (ONU, 2013)

una educación inclusiva, equitativa y de calidad y promover oportunidades de aprendizaje permanente para todos» (ONU, 2015). Todo ello da cuenta del enorme interés que despierta, ya que se trata de la toma de conciencia acerca de la amplitud (negada hasta ahora) de la educación como derecho humano, algo que ha sido desarrollado en el *Estudio temático sobre el derecho de las personas con discapacidad a la educación* desarrollado por el Alto Comisionado de las Naciones Unidas para los Derechos Humanos (ONU, 2013): la educación inclusiva es un derecho humano fundamental. Esto ha sido recientemente incorporado en las principales leyes orgánicas que regulan el sistema educativo español: la Ley Orgánica 3/2020, de 29 de diciembre, por la que se modifica la Ley Orgánica 2/2006, de 3 de mayo, de Educación, en la que «se hace efectivo el derecho a la educación inclusiva como derecho humano para todas las personas» (LOMLOE, 2020, pp. 122871-122872), que, a su vez, modifica la Ley Orgánica reguladora del Derecho a la Educación (LODE, 1985), que en su artículo 6.3.e incorpora entre los derechos básicos del alumnado el derecho «a una educación inclusiva y de calidad». Es decir, es algo que las escuelas de ningún rincón del Estado pueden negar.

La Convención sobre los Derechos de Personas con Discapacidad (ONU, 2006) es el primer instrumento jurídicamente vinculante en contener una referencia al concepto de educación inclusiva ratificado por el Estado español (BOE núm. 96, de 21 de abril de 2008), y el desarrollo que el Comité hace en la Observación General Nº4 acerca del artículo 24 de la Convención (sobre educación), asevera:

Garantizar el derecho a la educación inclusiva conlleva una transformación de la cultura, la política y la práctica en todos los entornos educativos formales e informales para dar cabida a las diferentes necesidades e identidades de cada alumno, así como el compromiso de eliminar los obstáculos que impiden esa posibilidad (CDPD ONU, 2016, p. 3).

Es evidente que el lugar de la inclusión en la educación es fundamental, y que cuando hablamos de educación inclusiva nos referimos a una transformación profunda del sistema educativo. Esta transformación necesitará, por tanto, introducirse a través de cambios sistémicos, cambios en los centros y en las relaciones que se producen en ellos y cambios personales. No se trata, por tanto, de ofrecer una continuidad respecto de eso que hemos llamado las «necesidades educativas especiales». En este sentido, al igual que el profesor Ainscow en el prólogo de este libro, un reciente informe de la UNESCO matiza que la reflexión sobre la orientación de nuestras propuestas pedagógicas «no debe centrarse en las carencias de algunos educandos en particular, sino en los obstáculos contextuales que limitan la participación y el progreso de muchos niños» (UNESCO, 2021). Es decir, en provocar una ruptura con esa inercia clasificatoria que viene impidiendo las modificaciones en las culturas, políticas y prácticas del sistema escolar en su conjunto, y de nuestras escuelas en particular.

Podríamos decir que la utilización del lenguaje políticamente correcto, en el que se ha colado un concepto tan revolucionario como el de la educación inclusiva, ha ido devaluando el término hasta límites insoportables. Se oye hablar de normativa inclusiva y de centros inclusivos a pesar de que sigamos manteniendo las mismas estructuras, las mismas lógicas clasificatorias e idénticas modalidades de escolarización excluyentes. Esta es la razón por la que queremos rescatar algunas propuestas ampliamente asumidas por la comunidad científica internacional y que no dejan lugar a dudas ante **el carácter rebelde y agitador de la educación inclusiva. No es un cambio cosmético. No es la sustitución de unas palabras por otras.** Tampoco es el mero traslado físico de ciertas personas, sino el conjunto de procesos y transformaciones que conllevan el deseo de hacer valer el derecho de todo niño o niña para educarse junto a los demás.

La UNESCO resume de forma muy sintética dos grandes conceptos íntimamente relacionados, a saber:

> LA ORIENTACIÓN DE NUESTRAS PRÁCTICAS «NO DEBE CENTRARSE EN LAS CARENCIAS DE ALGUNOS EDUCANDOS EN PARTICULAR, SINO EN LOS OBSTÁCULOS CONTEXTUALES QUE LIMITAN LA PARTICIPACIÓN Y EL PROGRESO DE MUCHOS NIÑOS» (UNESCO, 2021)

La inclusión es un proceso que ayuda a superar los obstáculos que limitan la presencia, la participación y los logros de todos los y las estudiantes.

La equidad consiste en asegurar que exista una preocupación por la justicia, de manera que la educación de todos los y las estudiantes se considere de igual importancia (UNESCO, 2017, p. 13).

Partiendo de una definición más detallada de la UNESCO (2005), entendemos la inclusión como un **proceso** para abordar y atender a la diversidad de todo el alumnado respondiendo a las necesidades del grupo y eliminando las barreras para lograr una mayor participación en el aprendizaje, las culturas y las comunidades, y la reducción de la exclusión dentro y fuera de la escuela. Implica cambios y modificaciones en contenidos, enfoques, estructuras y estrategias, con una visión común que abarca a todos los niños y niñas en un rango de edad y el convencimiento de que es responsabilidad del sistema ordinario educar a toda la infancia unida.

Se trata, pues, de un proceso —no de un estado— que nunca se agota, pero que a la vez no puede implicar una relativización de la importancia de hacer efectivo el derecho humano a la educación. Tiene que ver, por tanto, con la democratización de espacios y relaciones, por lo que es incompatible con la orientación que se inserta en un modelo experto y en la cultura del déficit.

2.2. La inclusión como deconstrucción de las exclusiones

El proyecto de hacer las escuelas inclusivas no parte de la nada. Nace de una desigualdad histórica que ha situado a determinadas poblaciones en una situación de inferioridad que las ha mantenido fuera de las escuelas comunes; o fuera de los procesos de enseñanza-aprendizaje —por lo que sufren el fracaso escolar y el abandono temprano, entre otros—, y/o excluidas de las relaciones sociales con el resto de los niños y niñas, lo que a menudo conlleva soledad, malestar, tristeza y desvalorización. Por todo ello, Slee y Allan (2001) hablan de la escolarización ordinaria como una forma de genocidio cultural que niega la legitimidad de las diferencias. En este contexto, la inclusión se presenta como una lucha para deconstruir las exclusiones que atraviesan las escuelas retando a la naturalización de dichas desigualdades, prestando atención a las resistencias a las que tiene que enfrentarse y **eliminando los «mecanismos de silenciamiento»** existentes en las escuelas para que puedan oírse las voces acalladas como una afirmación de la lucha (hooks, 1989).

ABANDONO
Raúl R. López Reyes, orientador

Un alumno de conservatorio venía mostrando falta de motivación en su cuarto año con su saxofón, el instrumento que siempre le gustó. Estando trabajando en esos días con la canción *Dónde vas Alfonso XII*, su profesor se dio de baja para operarse de un dedo. La propuesta inicial del nuevo profesor fue que tocara la canción de *Piratas del Caribe*. La tocaba no solo, sino a dos voces con una compañera. Tocaban en clase y quedaban en casa de ambos para practicar juntos… Al poco, este profesor llamó a los padres de este alumno para decirles que su hijo tenía un gran talento natural con el saxofón, que era una alegría tenerle y les mostró vídeos con sus improvisaciones. Cuando se reincorporó el profesor operado, retomó las clases por donde lo había dejado, por el repetido una y otra vez el «dónde vas triste de ti… Merceditas ya está muerta, ya la llevan a enterrar». Al poco tiempo el alumno abandonó el conservatorio. El abandono es el máximo grado de segregación posible y aburrir es una de las armas más letales para el aprendizaje.

Esto saca la educación inclusiva del terreno técnico. Se trata de una forma comprometida de activismo con un proyecto humanizador de la escuela, en el que el trabajo orientador se torna en investigación al servicio de la democratización del centro, visibilizando la violencia que está normalizada en las escuelas y reconociendo el valor y la legitimidad de los saberes de toda la comunidad: alumnado, familias, profesorado y otros agentes más allá de las escuelas.

> LA EDUCACIÓN INCLUSIVA NO ES ALGO TÉCNICO, SINO UNA FORMA COMPROMETIDA DE ACTIVISMO CON UN PROYECTO HUMANIZADOR DE LA ESCUELA, VISIBILIZANDO LA VIOLENCIA QUE ESTÁ NORMALIZADA EN LAS ESCUELAS, Y RECONOCIENDO EL VALOR Y LA LEGITIMIDAD DE LOS SABERES DE TODA LA COMUNIDAD

Entonces, la educación inclusiva:

- **No es integración.** Si en la integración, el esfuerzo de adecuación era depositado en el niño o la niña, la inclusión atribuye la responsabilidad de la transformación al sistema escolar, que necesita romper con aquello que limita su capacidad para acoger toda la diversidad humana. Reconoce así, por tanto, que todo niño o niña es correcto, independientemente de su procedencia, clase social, nacionalidad, etnia, orientación e identidad sexual, capacidad, etc. Todo niño o niña es siempre el alumnado correcto, que necesita y tiene derecho a una educación de calidad junto al resto de estudiantes de su entorno.
- **No se trata de una educación individualizada**, sino de una transformación institucional que permita el desarrollo de todos y todas en un proyecto común, para lo que la organización, las metodologías didácticas y el currículum deben desarrollarse de forma compleja y viva, teniendo en cuenta las peculiaridades de cada uno.
- **No puede implicar una escolarización segregada.** La segregación no puede ser inclusiva. La inclusión exige la presencia, la participación y el aprendizaje de toda la infancia en un mismo contexto, porque todos y todas vivimos en el mismo mundo.

Esto es muy básico, pero es importante resaltarlo como algo fundamental y no como una cuestión anecdótica. Así lo afirman la UNESCO (2019), la ONU (2016), UNICEF et al., (2021) y hasta la OCDE (Mezzanotte, 2022), con diferentes variaciones de la siguiente figura:

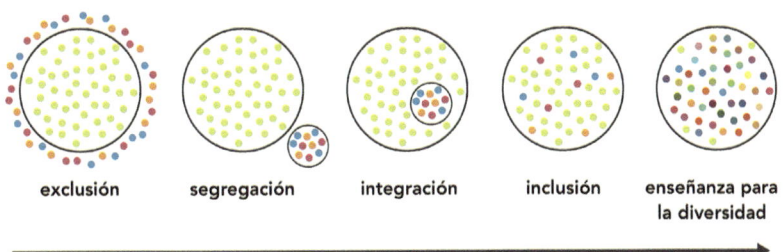

exclusión   segregación   integración   inclusión   enseñanza para la diversidad

Figura 1. Representación de procesos hasta la enseñanza para la diversidad
Fuente: Inclusion BC (2017, p. 3) (traducción propia)

En la figura 1, la exclusión se refiere a un contexto que deniega el acceso a la educación, algo superado en España, no así en muchos lugares del mundo. De hecho, un reciente informe de la UNESCO (2025) estima que la población mundial sin escolarizar en 2023 se disparó en 21 millones, alcanzando los 272 millones.

La figura 1 describe la segregación como la educación de ciertos grupos en ambientes separados. De acuerdo con este criterio, ampliamente asumido, la escolarización en centros de educación especial y en aulas específicas es una forma de segregación escolar. Es importante llamar a las cosas por su nombre: Shapon-Shevin (2013) se refiere a la exclusión escolar como una de las manifestaciones de odio en la sociedad.

POCO A POCO MI HIJA DEJÓ DE EXISTIR

Marisensi Muñoz, orientadora

En infantil vieron que el desarrollo de Verónica no era «normal»; decidieron que se quedaría un curso más y comenzaría el proceso de alienación de la familia, «ese que poco a poco te va haciendo pensar que cualquiera sabe más de tu hija que tú misma». En primaria empezaría el periplo por informes, dictámenes y adaptaciones: «Estuvo recibiendo apoyos, hasta donde creemos dentro del aula, quizá la sacaban en alguna sesión. La tutora se desentendió totalmente y dejó el trabajo a las especialistas».

Pasó primaria, con una madre empeñada en que su hija tuviera acceso a una educación como la de sus iguales. Para Verónica, lo terrible llegaría al final: «Nunca olvidaremos cuando tuvo que repetir 6.º, fue supertraumático, le hizo muchísimo daño, fue un antes y un después». Decisiones que fueron tomadas por el supuesto bien de Verónica, pero sin contar con ella o con su familia:

Nos dijeron que, en ese nivel, con tanto desfase curricular y tantas adaptaciones, está estipulado que tienen que repetir un año más, era como que no había nada que hacer. La frase del director: «aunque quisiéramos que pasara, no nos iban a dejar». Verónica tenía mucho apoyo en sus amigos y se quedó con gente ajena que no conocía. Iba llorando todos los días al colegio, ya no quería ir, no lo podía comprender. Pasamos una época muy difícil, muy triste, fue horrible por todos lados. Poco a poco mi hija dejó de existir.

Verónica accedió al instituto: aulas masificadas, desdobles, cambios de clase, eternos pasillos por los que perderse sin nadie a su lado con quien compartir la vorágine del cambio. «Ya no tenía ni amigos, ni grupo de referencia, estaba totalmente sola. Iba al mismo instituto que sus compañeros del curso pasado, pero los de primero no se relacionan con los de segundo. Ella ya no entendía nada». Resignada, se acostumbró a vivir entre adultos: «Tenía adaptaciones y apoyos, siempre fuera del aula, se la sacaban muchas horas, demasiadas, se perdió la socialización. Estaba a gusto porque en clase nadie se relacionaba con ella». Y lo que se presupone implícito no lo es tanto. No solía haber traspaso de información entre docentes y la madre. Cada año se ponía en contacto con el profesorado: «Yo siempre iba por delante facilitando informes. Confías en que toda la información se traslada, pero la realidad es que no».

Entretanto, Verónica cumplió los 16 años:

> Nada más empezar el curso, en 4.º, vino un día y nos dice: «me ha dicho el profesor que ya tengo 16 años, que para qué voy a clase, que da igual que vaya o que no». No le dimos más importancia, le dijimos que tenía que terminar la ESO, que era importante para ella. Tenía que hacer hasta 4.º de ESO, que es la enseñanza obligatoria. Nos costaba convencerla, iba y venía sola, y allí permanecía sola, estaba siempre con la PT. Para el profesorado no existía, ni tutores, ni compañeros, nadie la veía.

Lo peor estaría por llegar:

> En el mes de mayo, finalizando el curso, nos llama la orientadora y nos dice: «muy bien que Verónica haya aguantado hasta 4.º, como ya sabéis no va a titular…» Y dijimos «¿Cómo?», y nos contesta, «¡Como padres eso lo tendréis que saber!». Y yo digo «¿Pero me estás diciendo que hemos estado con un esfuerzo enorme para que mi hija venga a clase todos y cada uno de los días durante 4 años, de la enseñanza obligatoria, y ahora me dices que no va a titular?». Y me contesta, «Pues no, por ley los niños que tienen tanta adaptación curricular no titulan, sí que cursan hasta 4.º, pero no titulan… (silencio)», y ese día se nos hundió el mundo.

Los argumentos justificativos de la orientadora fueron mucho más lejos: «¡Me dijo que cómo pensábamos que Verónica pudiera tener la misma titulación que los que se habían cursado la ESO normal!, y yo le dije, claro, corren el riesgo de que mi hija les quite una plaza en la universidad».

A poco que pensemos, podemos imaginar que el paso de Verónica por la escuela fue como si te invitan a una cena y te sientan en una mesa aparte desde la que ves pasar las viandas que nunca probarás, y desde la que escuchas las risas y conversaciones de las que nunca serás partícipe.

> EN LOS ÚLTIMOS 3 CURSOS, DESDE LA ENTRADA EN VIGOR DE LA LOMLOE (CURSO 2021-22) HASTA EL CURSO 2023-24, HEMOS ASISTIDO AL ESCANDALOSO AUMENTO DE 1 032 UNIDADES NUEVAS DE EDUCACIÓN ESPECIAL (LLEGANDO A 8 752), LO QUE REPRESENTA UN CRECIMIENTO DE LAS AULAS SEGREGADAS DEL 13,4 %.

La integración hace referencia a que los estudiantes estén en el mismo contexto, pero tienen que adaptarse a él porque permanece igual. Esto implica que, aunque estén en la misma aula, si la dinámica de la clase no cambia, se produce una nueva forma de exclusión. Esto hace que muchas familias se vean obligadas a la segregación (a sacar a su hijo o hija del aula o la escuela ordinaria) porque la forma de trabajo tradicional de la escuela daña a su familiar. Es decir, son expulsados por las escuelas. Todas estas formas —exclusión, segregación e integración— son ataques al derecho a la educación inclusiva que tiene todo ser humano. Como ya hemos visto, la educación inclusiva trata de hacer frente a todo esto poniendo su atención en remover las barreras que impiden que forme parte y aprenda junto al resto de la comunidad. Todas esas barreras están fuera del sujeto. Tampoco podemos echar balones fuera, responsabilizando de las barreras escolares a la familia. Son barreras escolares y, por eso, son de la escuela. Parte de esas barreras tienen forma de cultura, de tradiciones, de organización, de intereses y de privilegios. Eso las hace más sutiles y difíciles de localizar y remover, pero es posible. Y en esa tarea nos introducimos.

Para ello, es imprescindible entender qué significa todo este esquema en nuestras prácticas. Y lo cierto es que, según datos de los Anuarios estadísticos sobre educación en España del Ministerio de Educación y Formación Profesional, el año siguiente a la ratificación de la Convención sobre los Derechos de las Personas con Discapacidad por España —que valora la educación inclusiva como un derecho humano fundamental—, en el curso 2009-10, había en nuestro país un total de 5 616 aulas  de educación especial (en centros específicos y en centros ordinarios). 15 años más tarde, en el curso 2023-24, había 8 752 aulas de educación especial. En todo ese tiempo, solo se han reducido tres centros de educación especial, pasando de 479 a 476. En resumidas cuentas: en 15 años hay tres centros de educación especial menos, lo que significa una reducción del 0,4 %, y 3 136 unidades de educación especial de nueva creación, lo que representa un aumento de aulas específicas del 55,8 %.

Este aumento ha sido especialmente significativo en los tres últimos cursos, desde la aprobación de la LOMLOE (2021-22, con 7 720 unidades) hasta el curso 2023-24 (con 8 752 unidades), sin que hubiera cambios en el número de centros especiales. Hablamos de un aumento de 1 032 unidades nuevas de EE, lo que representa un aumento del 13,37 % de aulas específicas. La gráfica que presentamos a continuación (figura 2) no deja lugar a dudas.

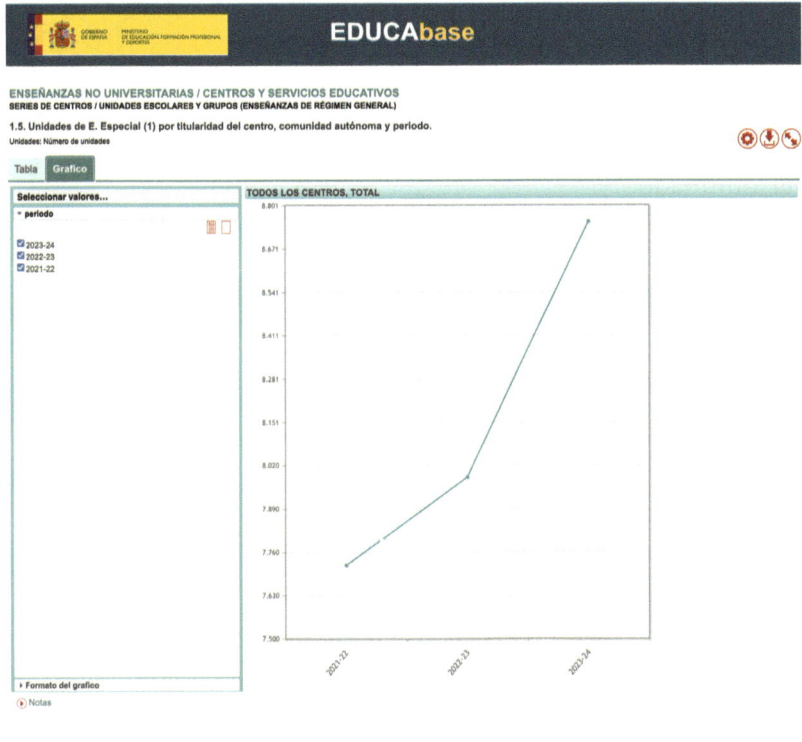

Figura 2. Gráfica de la evolución de Unidades de E. Especial en España entre los cursos 2021-22 y 2023-24. Se incluyen las unidades en centros específicos de E. Especial y las unidades sustitutorias en centros ordinarios

Fuente: Educabase (Ministerio de Educación, Formación Profesional y Deportes)

Es decir, la segregación ha crecido brutalmente independientemente de la aprobación de la Convención y de la LOMLOE. **Las aulas específicas en centros ordinarios se han convertido en el gran caballo de Troya de la segregación en España.** Y todo el estudiantado que las habita ha sido derivado gracias a una evaluación psicopedagógica de los equipos de orientación. **No podemos seguir mirando hacia otro lado.**

Por si queda alguna duda, según los datos y cifras del Ministerio de Educación y Formación Profesional del curso escolar 2023-24 (edición 2023), la previsión de alumnado de educación especial para dicho curso 2023-24 era de 42 822 estudiantes; ahora sabemos que fue mayor, llegando hasta 43 074, lo que supone un aumento del 4,8 % frente al 0,2 % de crecimiento del total del alumnado.

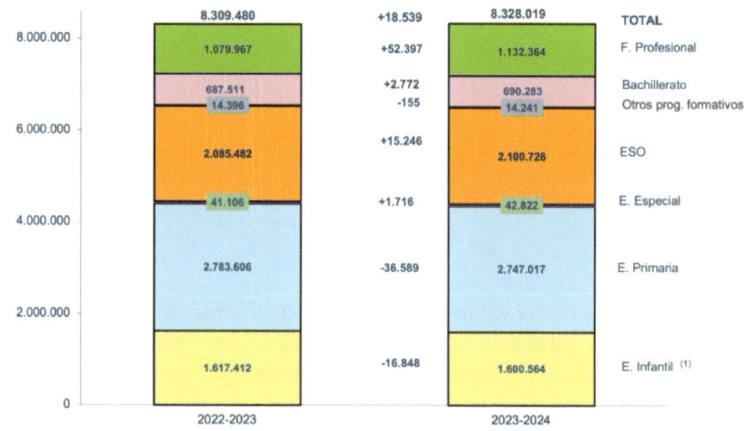

Figura 3. Previsión del alumnado en Enseñanzas de Régimen General no universitarias para el curso 2023-2024

Fuente: Ministerio de Educación y Formación Profesional (2023, p. 5)

La previsión del Ministerio para el curso 2024-25 indica que esta tendencia se consolida, como puede apreciarse en la figura 4: se espera un aumento del 4 5 % de alumnado matriculado en educación especial, en un contexto de crecimiento de matrícula total del 0,1 %.

Previsión del alumnado curso 2024-2025

Previsión del alumnado en Enseñanzas de Régimen General no universitarias para el curso 2024-2025

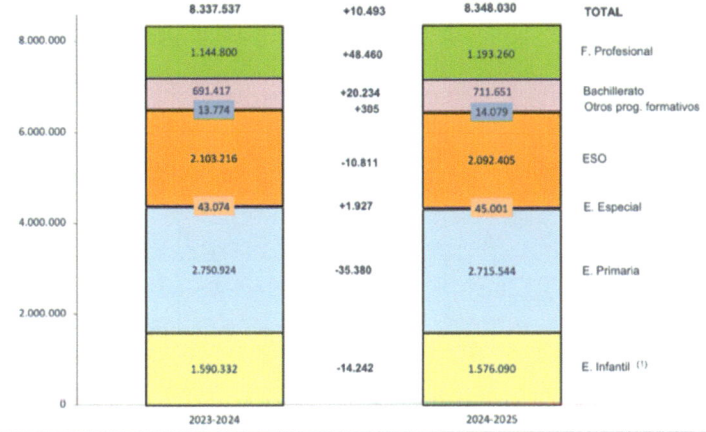

(1) Alumnado escolarizado en centros autorizados por las Administraciones Educativas.

Figura 4. Previsión del alumnado en Enseñanzas de Régimen General no universitarias para el curso 2024-2025

Fuente: Ministerio de Educación y Formación Profesional (2024, p. 5)

Por tanto, no hablamos de un peligro que puede suceder. Es una realidad galopante que está sucediendo por el incremento de evaluaciones psicopedagógicas que sustentan dictámenes de escolarización segregadores.

3. Fundamentar una alternativa al actual modelo de evaluación psicopedagógica

Llegados hasta aquí, parece obvio que el modelo de evaluación psicopedagógica al uso no está conduciendo al destino deseado. Pero a la vez, también es evidente que no se puede trascender dicho modelo sin una alternativa fundamentada en la que apoyarse. Esa propuesta tiene que contar con el aval de las evidencias científicas internacionales que durante décadas se han ido construyendo en torno a ese movimiento que hemos llamado «Educación para todos y todas. Algo que solo ocurrirá si conseguimos hacer el giro que requieren nuestros sistemas educativos, que pasa irremediablemente por la transformación de la evaluación psicopedagógica.

3.1. ¿Por qué dejar de usar pruebas psicométricas y de emitir diagnósticos en la escuela inclusiva?

Siempre creí que una etiqueta, que es lo que les ponen a nuestros hijos, era para ayudarlos a avanzar el máximo, pero ahora he descubierto que no. Que la etiqueta es para estancarlos y apartarlos. Esa es mi experiencia. Si no hay lucha diaria y continua por parte de los padres, nuestros hijos están condenados a terminar en Educación Especial.

María del Carmen Retamosa, madre
https://youtu.be/xviTP8iSTdg

Probablemente el objeto principal de la psicometría ha sido y es la inteligencia. Un concepto controvertido y que históricamente ha tenido una fuerte carga ideológica. De acuerdo con Gould (1997) y Ovejero (2003), la psicometría puede ser entendida como herramienta al servicio de la segregación, ya que permite clasificar a los estudiantes atendiendo a índices y características que los encorsetan en relación con un estándar concreto basado en la lógica de la normalidad, planteamiento que hemos desarrollado con una mayor profundidad en otro lugar (Moreno et al., 2022).

En los siguientes años, el concepto de inteligencia continuó evolucionando (Sternberg, 1981; Spearman, 1923; Thomson, 1939; Thrustone, 1938) desde concepciones unidimensionales y estáticas a otras multidimensionales y dinámicas, hasta llegar a Gardner (2012) y las inteligencias múltiples. A pesar de que el discurso de las inteligencias múltiples ha sido ampliamente aceptado, la prevalencia del cociente intelectual (C.I.) y la edad mental en las actuales prácticas orientadoras manifiesta que el cambio es solo aparente. Cambian las palabras, pero todo queda igual.

Por todo ello, creemos que el concepto de C.I., así como el uso de las herramientas psicométricas para la evaluación, tanto de la inteligencia como de cualquier otra dimensión psicopedagógica, además de suponer un torpe intento por cuantificar fenómenos no cuantificables, provocan la clasificación, la cosificación y la deshumanización del alumnado, pues la psicología, a través de la psicometría, responsabiliza al sujeto de aquello que tiene una causa social (Ovejero, 2003; Calderón, 2014; Calderón et al., 2024).

Más allá de esta crítica general a las pruebas psicométricas en educación, hay otros inconvenientes prácticos que mencionar: en primer lugar, muchas de estas pruebas no pueden ser utilizadas por profesionales de la orientación, ya que exige una cualificación profesional que no se requiere para ejercer funciones de orientación; en segundo lugar, utilizar estas pruebas inadecuadas para la educación las inhabilita para su uso en el contexto sanitario, alterando sus resultados por la práctica (Kaufman y Lichtenberger, 1999); por último, están los sesgos culturales conocidos de estas pruebas.

Por otra parte, los resultados de las pruebas psicométricas presentan graves problemas al ser cuantitativos, aislados y simples, mientras que toda persona tiene muchas más dimensiones que las que muestra un número, que son obviadas, y está inmersa en procesos relacionales siempre muy complejos.

Las categorías diagnósticas, a pesar de su pretendida objetividad, son construcciones subjetivas y constituyen un vago intento de generalizar cuestiones que no son generalizables. Si bien es cierto que todos y todas podemos ver reflejadas ciertas categorías en forma de rasgos o elementos de nuestra personalidad, así como de características o cualidades que forman parte de nuestro ser, también lo es el hecho de que en ningún caso una persona cumple todas las características de la categoría diagnóstica. No obstante, incluso si se diera esto último, una persona nunca se reduce a la categoría.

Optar por la psicometría y el enfoque cuantitativo supone un intento deductivo de generalizar en el cual forzamos a los sujetos a ser aquello que no son, reduciéndolos a la etiqueta. Por otro lado, si lo que queremos es conocer a las personas desde sus particularidades, lo más adecuado es optar por herramientas y estrategias cualitativas. Precisamente, la investigación cualitativa nace de la necesidad de entender los fenómenos y las personas desde aquello que las hace únicas, poniéndolas en relación con el contexto.

Por ello, algunas de las herramientas que más valor pueden tener para los orientadores y orientadoras a la hora de conocer los procesos, los contextos, las relaciones y a los propios sujetos que las integran son la entrevista, la observación, los relatos biográficos y el análisis documental.

Si bien es cierto que en ocasiones podemos emplear entrevistas estructuradas, especialmente en los primeros encuentros, proponemos la entrevista en profundidad como la estrategia más adecuada para conocer, especialmente, al alumnado y su familia: «Las entrevistas cualitativas han sido descriptas como no directivas, no estructuradas, no estandarizadas y abiertas. Utilizamos la expresión "entrevistas en profundidad" para referirnos a este método de investigación cualitativo» (Taylor y Bogdan, 1987, p. 101). De esta manera, los saberes que tiene el alumnado, la familia y el profesorado pueden emerger más fácilmente, de lo contrario, con un guion muy cerrado, podemos perdernos parte de ellos.

Del mismo modo, la observación que tiene más valor en nuestro contexto es la participante, ya que nos brinda la oportunidad de conocer en relación. Cuando entramos en el aula a observar, debemos ser «un maestro más», en ningún caso un observador u observadora que se sienta al fondo de la clase para hacer un registro. El hecho de observar participando exige que posteriormente anotemos aquello que nos ha llamado la atención, nuestras reflexiones y cualquier elemento que consideremos. Para ello, podemos usar una nota de voz del móvil mientras volvemos a casa o cambiamos de espacio, para posteriormente registrarlo por escrito. Estos registros pueden y deben ser dialogados con el profesorado, alumnado y las familias.

Si el diagnóstico o la evaluación psicopedagógica que se ha venido haciendo pretende aportar luz sobre cómo piensa, se comunica, siente, actúa, aprende y se relaciona el alumnado, sin lugar a duda ha errado en el enfoque, pues desde la psicometría poca luz se ha venido arrojando. En cambio, desde las estrategias cualitativas podemos conocernos en profundidad, además de recuperar un enfoque más humano.

VOCES QUE CUESTIONAN Y DISIENTEN

Susana Pérez Vilariño, asesora externa

En Granada se ha iniciado una investigación-acción participativa promovida por madres de estudiantes con síndrome de Down que ven con mucha preocupación un alarmante retroceso en materia de inclusión en las escuelas. El proceso de compartir experiencias ha permitido visibilizar con fuerza una realidad silenciada: las vulneraciones sistemáticas de derechos que muchas familias y estudiantes experimentan en su día a día, cuando el sistema educativo responde desde la clasificación, la exclusión y el etiquetado.

Desde el comienzo, una de las cuestiones más señaladas fue el rol de la evaluación psicopedagógica. La potestad de los orientadores para decidir unilateralmente qué pruebas aplicar y cómo interpretar los resultados fue especialmente criticada, así como la falta de participación de las familias en estos procesos decisivos. Del mismo modo, se denunció el impacto del modelo de apoyos basado en «modalidades» (A, B, C y D), que en la práctica reproduce lógicas segregadoras, incluso dentro del propio sistema ordinario. El uso del «abecedario», como lo describieron en el grupo, esconde decisiones profundas que marcan el recorrido escolar de los estudiantes desde la etapa de infantil. Como dijo una madre: «Con tres años, la orientadora ya sabe que va a ir a la C». Estas clasificaciones tempranas generan etiquetas que condicionan trayectorias y consolidan exclusiones. Y en el fondo, como se expresó en múltiples ocasiones, lo que se traduce es un mensaje claro: hay estudiantes que no son bienvenidos.

También se puso en cuestión el discurso centrado en la escasez de recursos. Las familias, que acompañan a sus hijos durante años con diferente profesorado, equipos directivos y condiciones materiales, tienen claro que la inclusión real no depende solo de tener más recursos, sino de cómo se organizan, de las actitudes, de la cultura del centro, del compromiso con los derechos humanos. Cuando las cosas funcionan no suele ser porque hay más, sino porque se hace mejor. Esta experiencia contrasta con la visión fragmentada del profesorado, que, debido a la rotación constante, muchas veces no llega a percibir esta dimensión estructural.

Las declaraciones de los propios niños y niñas, aunque breves, fueron reveladoras: «No me gusta que me saquen de clase». También las familias lo viven con angustia, «¿Cómo se siente mi hijo después?». Estas declaraciones contienen una verdad incómoda: la inclusión no es real si se basa en la separación constante, aunque esté revestida de apoyos o programas individualizados.

Entre las conclusiones a las que llegaron, destacan las siguientes:

- El sistema educativo sigue funcionando desde una lógica de etiquetado y segregación temprana, amparada en procesos como la evaluación psicopedagógica y la distribución en modalidades (A, B, C, D).

- Las familias poseen un conocimiento valioso y longitudinal que es sistemáticamente deslegitimado por las estructuras escolares y técnicas.

- La supuesta falta de recursos no puede seguir usándose como justificación para prácticas excluyentes. La organización, la voluntad, la formación y el compromiso con los derechos son factores decisivos.

- El alumnado manifestó el malestar generado por prácticas segregadoras, pero su voz no suele ser tenida en cuenta.

Este proceso de IAP ha abierto una grieta en el discurso dominante, permitiendo que las experiencias silenciadas tomen la palabra para exigir el cumplimiento de lo que es un derecho, no un favor. La lucha por una educación verdaderamente inclusiva sigue en pie, y las familias están demostrando que otro camino es posible y necesario.

3.2. Pasar de la evaluación psicopedagógica individual a un modelo social

Mi relación con la orientación educativa, pues, está determinada por la cantidad de niños —cada vez más— que nos llegan a los equipos de salud mental por quejas, por problemas, que surgen en el entorno educativo. Muchas veces son niños que ya vienen con una valoración psicopedagógica realizada en donde se mide pues todas las dificultades que ese niño presenta a nivel psicopedagógico.

El problema fundamental es que... Yo creo que en respuesta a la época que estamos viviendo, en donde todas las cuestiones se están centrando en el cerebro, en cuestiones orgánicas, de neurotransmisores, etc. Pues las personas vienen ya con la certeza de lo que les ocurre. Y esa certeza pasa pues por siglas diagnósticas. Siglas como son el TDAH, el TEA, el trastorno oposicionista desafiante, etc.

La preocupación fundamental viene dada pues porque son diagnósticos que no dicen nada de lo que le está pasando a ese niño. No dicen nada de su sufrimiento. Sí dicen mucho de lo molestos que esos niños pueden ser para los adultos. Y en esos adultos incluyo a los padres y a las madres, incluyo a los profesores... a los adultos. Son siglas diagnósticas en las que no se tiene en cuenta la influencia de esta época, la influencia de las crisis de los adultos, las dificultades que existen en el entorno educativo, en el sistema y en las propias escuelas. Son etiquetas diagnósticas que se ponen en base a listados de síntomas, y en donde las diferencias se acaban patologizando.

Susana Ortigoso, psicóloga en unidad de salud mental
https://youtu.be/BlzDcIcw7fY

Nuestra tradición nos hace pensar que los problemas están en las personas, que hay personas con determinadas características que tienen un problema por tener esa característica. Esto nos ha llevado a pensar que nuestra tarea educativa para abordar ese problema es diagnosticar dicha característica, de modo que se pueda reconocer y actuar frente a ella. Sin embargo, ya hay mucha literatura científica que desmonta esta lógica.

Por una parte, entiende que el problema es individual, lo tiene un niño o una niña que no logra aprender en clase, que se distrae mucho, que dificulta el orden en el aula, que no tiene amistades, que no se comporta como se espera que lo haga, etc. Como lo entendemos desde el punto de vista individual, hacemos pruebas que solo atañen al estudiante, a menudo a través de baterías de test y pruebas estandarizadas. Todas ellas refuerzan la idea de que el problema está en el cuerpo de la persona, que puede identificarse con una etiqueta diagnóstica: TDAH, síndrome de Ángelman, parálisis cerebral, TEA, etc. Pero ninguno de estos problemas es personal, sino social. Están pensados desde el punto de vista de la integración —comparten espacio, pero la dinámica no cambia, esperando que sea el niño o la niña quien se adapte—, y como la perspectiva es la del profesional, atribuimos en exclusiva la responsabilidad al estudiante. Si volvemos a pensar el problema, nos daremos cuenta de que puede ser visto de otro modo, ¿qué ocurre en clase para que no esté aprendiendo? ¿Qué valor tiene para el estudiantado lo que se enseña? ¿Qué provoca la distracción? ¿Cuánta concentración es esperable y deseable? ¿Qué tienen que ver los ritmos empedernidos que imperan en la escuela y nos ahogan a todos y todas? ¿Por qué y para qué se producen las conductas que consideramos indeseables? ¿A qué se resiste? ¿Es razonable pensar que todo el alumnado aprenda, sienta y se comporte igual?

Todo esto también está referido a la discapacidad, tan presente en la escuela, que sigue entendiéndose desde esta misma perspectiva, como un problema personal y biológico. Pero este modelo médico de interpretación ha sido ya muy contestado desde el modelo social de la discapacidad por algo obvio: la exclusión social no es individual ni es biológica. Las perspectivas médicas e individuales de la discapacidad como tragedia  personal han sido desafiadas desde la década de los 70 por el reconocimiento de que los factores económicos, sociales y culturales también producen la discapacidad. Y en el modelo social, el elemento central de análisis es la desigual distribución de poder (Slee, 2012). Volviendo a lo planteado anteriormente, el elemento central está en quién hace la pregunta y cómo la hace.

Otra reflexión merece el efecto del etiquetado en la persona. Es común escuchar que, a pesar de utilizar pruebas diagnósticas, no se etiqueta. Eso es una contradicción en los términos. Pensar que podemos abstraernos de la etiqueta a pesar de ponerla, por ejemplo, para dar salida a un requisito burocrático, es simplemente imposible. La discapacidad y el estigma que lleva aparejado se construyen en procesos como ese. El ejemplo más documentado y evidente es lo que se ha venido a denominar «efecto Pigmalión» (Rosenthal y Jacobson, 1980): las expectativas del contexto generan tratos distintivos que apoyan dichas expectativas, motivando conductas acordes con ellas.

 Dimos a cada profesor de la escuela los nombres de los niños de su clase que podrían llegar a ser brillantes durante ese año académico. Estos nombres se escogieron al azar del interior de un sombrero. Los niños no sabían en absoluto que los profesores esperaban algo de ellos. Se les dijo a los profesores que no advirtiesen a sus alumnos. Es decir, los niños nunca lo supieron.

Un año después realizamos un nuevo test y nos encontramos que aquellos niños que los profesores esperaban que aumentasen intelectualmente realmente habían mejorado más que los niños de los que no se había dicho nada en particular. Es decir, los niños se vuelven más listos cuando los profesores esperan que se vuelvan más listos.

Robert Rosenthal, Universidad de Harvard
https://vimeo.com/52444549

Esta teoría, ampliamente aceptada por la comunidad científica internacional desde hace décadas, es también denominada «profecía autocumplida», ya que el mero hecho de la expectativa construye esa realidad previamente diseñada. Por supuesto, esto no se hace necesariamente de forma consciente. Escapa a nuestro control. Y por supuesto, también ocurre cuando la etiqueta baja las expectativas. Podemos imaginar cómo afecta a las personas que digamos, por ejemplo, que una chica de catorce años «tiene una edad mental de dos años», imposibilitando que pueda estudiar la secundaria con el resto del alumnado de su edad. Se trata de una agresión verbal que interpreta que hay una sola forma de tener una edad concreta. La escuela no puede pensar que el problema solo está allí, en la forma de pensar, de moverse, de comportarse o de vivir de la estudiante, sino que necesariamente está en la propia escuela, que tiene que estar dispuesta a transformarse hasta el punto de que esa sea la alumna correcta. Solo con esta voluntad de transformarnos conseguiremos una educación verdaderamente inclusiva.

Poner una etiqueta descarga la responsabilidad de la institución en la persona individual, pero ya hemos comprobado que el problema no está ahí, sino que se construye en la interacción educativa misma. Si seguimos haciendo uso de herramientas más que cuestionables para medir conceptos, como el de la inteligencia, también más que cuestionables, seguiremos incidiendo en la siguiente interpretación: quien tiene el problema es la persona, que tiene que adaptarse. Así, el sistema puede mantenerse inalterable, sin necesidad de cambio. Sin embargo, es ese sistema el que tiene que transformarse profundamente. Y uno de los principales niveles de esa transformación está en el aula.

No podemos seguir vinculando los recursos personales y materiales de un centro escolar al uso de diagnósticos y etiquetas que simplifican hasta el absurdo una realidad compleja y que están generando un daño irreparable. Ni es ético, ni tiene fundamentación científica. Los recursos han de ir asociados a la población, a criterios socioculturales y de renta, porque en toda población existe la diversidad.

Mientras sigamos entendiendo la discapacidad en términos individuales y biológicos —un problema personal—, nuestras soluciones enquistarán el problema al circunscribirlo en el terreno privado. Se trata de un problema público y las soluciones han de ser sociales. La pregunta no puede seguir siendo qué le pasa a este niño o a esta niña. Debemos preguntar qué (nos) pasa para que hayamos decidido que no puede aprender con el resto.

DECIR, POR EJEMPLO, QUE UNA CHICA DE CATORCE AÑOS «TIENE UNA EDAD MENTAL DE DOS AÑOS» ES UNA AGRESIÓN VERBAL QUE INTERPRETA QUE HAY UNA SOLA FORMA DE TENER UNA EDAD CONCRETA. NO PODEMOS PENSAR QUE EL PROBLEMA SOLO ESTÁ EN LA FORMA DE PENSAR, DE MOVERSE O DE VIVIR DEL ESTUDIANTE, SINO QUE NECESARIAMENTE ESTÁ EN LA PROPIA ESCUELA, PORQUE SI QUIERE SER INCLUSIVA TIENE QUE TRANSFORMARSE HASTA EL PUNTO DE QUE ESA SEA LA ALUMNA CORRECTA.

SOLO CON ESTA VOLUNTAD DE TRANSFORMARNOS CONSEGUIREMOS UNA EDUCACIÓN VERDADERAMENTE INCLUSIVA.

CINCO KILÓMETROS

María José G. Corell, orientadora

Abel era un niño de 8 años en el momento que lo conocí, al entrar a una escuela como orientadora. Era niño diana en el que el centro educativo focalizaba sus problemas, los del centro. Abel y su familia sufrieron lo indescriptible ante el acoso y derribo de su tutora, del equipo directivo, educadora y resto de personal docente que entraba al aula.

Mi intervención fue desestimada, ninguneada, devaluada y, por tanto, inútil. No querían atender a ninguna otra opción que no fuera que el niño saliera del centro, aunque nunca lo dijeran abiertamente delante de mí. Así que salimos del centro el niño, la familia y yo tras denunciar lo vivido en esa escuela.

A Abel le dieron plaza y lo matricularon en la misma escuela en la que me habían dado plaza a mí, volvíamos a coincidir. En el nuevo centro, antes de incorporarse Abel, la primera palabra que escuché al explicar la situación fue «Bienvenido».

Tras el sufrimiento padecido, se incorporó con fobia escolar. Yo lo entendía perfectamente porque también traía estrés postraumático. En el nuevo centro no se hizo nada especial. Sí mucha coordinación docente, mucha paciencia y mucha participación y coordinación con la familia. Un tutor respetuoso y cariñoso con la infancia, que disfruta con su trabajo e interesado en mejorar día a día. La opción siempre fue ¿cómo lo hacemos?, en plural. En ningún caso que el niño sobraba.

En un par de meses el niño le dijo a su madre: «Mamá soy feliz, en este cole me quieren». De un centro al otro, según Google Maps, apenas hay 5 km.

Cada día muchas familias están siendo «invitadas» a abandonar las escuelas comunes porque no van a ofrecerles lo que sus familiares necesitan. Algunas de estas familias se ven forzadas al cambio, otras asumen que es lo mejor, porque son profesionales quienes lo indican, y «eligen» la educación segregada. Es evidente que en ninguno de los casos se trata de una elección, sino de un condicionamiento férreo.

Las evaluaciones psicopedagógicas siguen siendo de tipo clínico, lo cual no tiene sentido educativo, sino clasificatorio. Los dictámenes de escolarización, que se basan en estas prácticas tan comunes como inútiles, perpetúan la discriminación de todo el colectivo. También las medidas de adaptación curricular individuales evitan la transformación del sistema. Y es precisamente esto, la transformación del sistema, lo que implica ese proyecto social que nació con el nombre de educación inclusiva. Nada que ver con arreglos cosméticos, sino una revisión profunda del sistema escolar para armar en él un espacio de recreación democrática de la sociedad y la cultura. «Privar a un niño de su derecho a la educación es amputarlo de esa primera comunidad donde los pueblos van madurando sus utopías» (Ernesto Sábato, 2004).

3.3. No puede sostenerse un sistema educativo que no respeta los derechos humanos

Por desgracia, es una cuestión que está pasando todavía muy comúnmente … y sobre todo quedó muy patente en el informe que hizo tras la visita del Comité de Naciones Unidas declarando que en España, efectivamente, se viola grave y sistemáticamente el derecho a la educación inclusiva. Y esto es amparado dentro del Estado —consciente e inconscientemente, pero amparado— y estamos hablando de delitos. Son delitos penales, la segregación y la exclusión social de menor.

Alejandro Calleja, padre de Rubén
https://youtu.be/zoib_1U0ABE

Tal como plantea el Informe de Seguimiento de la Educación en el Mundo, «debatir acerca de los beneficios de la educación inclusiva puede ser equivalente a debatir acerca de los beneficios de la abolición de la esclavitud o del apartheid» (UNESCO, 2020, p. 8). Esto no es una cuestión que dependa de la ciencia —aunque ha sido ampliamente demostrado—, ya que estamos hablando de derechos humanos. Depende de la voluntad política, lo cual implica desafiar el poder y los privilegios, como hemos hecho en otros momentos de la historia con diversos colectivos. Hablamos del derecho a la educación de todas las personas, proclamado en el artículo 26 de la Declaración de los Derechos Humanos y vulnerado en España 70 años después. Como respuesta a la interpretación restrictiva que de este artículo se ha hecho, que permitía la segregación de determinados niños y niñas, el Estado español ratificó (BOE n. 96, de 21 de abril de 2008) la **Convención de los Derechos de las Personas con Discapacidad** (ONU, 2006), que nace como instrumento con el que hacer efectivos los derechos humanos para esas personas que  habían sido excluidas: en su artículo 24 consagra que el derecho a la educación es el derecho a la educación inclusiva. Desde entonces, es ilegal el *apartheid* que hacemos en nuestras escuelas. Tenemos la obligación moral y el imperativo legal de hacer que nuestras escuelas estén diseñadas para todo el alumnado, de modo que consigamos hacer realidad el deseo de **educarnos juntos**.

Sin embargo, muy poca gente conoce dentro de las escuelas esta importante ley aprobada por todas las fuerzas del arco parlamentario. Tampoco es demasiado conocido que las convenciones de Naciones Unidas, a su vez, son desarrolladas por sus órganos legítimos de interpretación, los diferentes comités, en este caso, el Comité sobre los Derechos de las Personas con Discapacidad. Y lo hacen a través de las Observaciones Generales y los Protocolos Facultativos. En el caso del artículo 24 de la CDPD, el desarrollo fue publicado con todo lujo de detalles en la Observación General número 4 sobre el Derecho a la Educación Inclusiva.

Como ya hemos evidenciado, han pasado 17 años desde que esto se hizo obligatorio, y en nuestro país no se cumple. Esto quedó de manifiesto a través de una investigación que desarrolló el Comité de la ONU a nuestro sistema educativo, motivada por una denuncia desarrollada por la asociación SOLCOM (https://asociacionsolcom.org/).

El informe de la investigación desarrollada en España y emitido el 29 de mayo 2018 fue demoledor:

> En teoría, la evaluación psicopedagógica y el dictamen se conciben como herramientas para garantizar la equidad en las decisiones educativas y determinar el ajuste razonable que el estudiante con discapacidad requiere. En la práctica, el sistema se centra en los déficits y las deficiencias del alumno, y resulta en la estigmatización del alumno como no educable en el sistema de educación general. En vez de explorar todas las posibilidades de inclusión del alumno, los diagnósticos impiden que los centros educativos ordinarios proporcionen medidas de apoyo y ajustes razonables (ONU, 2018, p. 10).

> El Comité observó que las técnicas y modalidades de la evaluación … resulta en prácticas disímiles respecto a la evaluación y los procesos de escolarización, en las que predomina un diagnóstico funcional incompatible con la Convención. Las barreras de los centros educativos ordinarios no son identificadas y no hay sugerencias de cómo se pueden eliminar para ajustarse al alumno (ONU, 2018, p. 10).

A pesar de ello, continuamos haciendo evaluaciones psicopedagógicas continuamente, que catalogan al alumnado y que terminan avalando dictámenes de escolarización excluyentes. Estas evaluaciones, como denuncia el Comité sobre los Derechos de las Personas con Discapacidad de la ONU, están basadas en el modelo médico de la discapacidad. Por tanto, el procedimiento pretendidamente educativo que utilizamos constituye en sí mismo una importante barrera a la inclusión. Así lo contaba en el año 2016 una de nosotras:

¿En qué consiste el trabajo de orientación educativa?

Se escolariza un niño que viene de otro colegio.

La tutora lo acoge con la mejor predisposición: «El niño no pronuncia bien, pero se está adaptando, responde bien a las actividades, va adaptándose al grupo, etc.»

Llega su expediente y con él un informe (dictamen) donde cae como una losa sobre el niño: «Retraso mental».

Procuro que la tutora no lo sepa, sigue diciéndome cosas positivas sobre el niño.

De repente un día cambia su discurso: «no esto, no lo otro… Es que el retraso mental se nota»

¿En qué ayudamos?

María José G. Corell, orientadora
https://minifi.ca/v-g1h

El procedimiento que llevamos a cabo, la utilización de las herramientas psicométricas y el destino de toda esa labor, está dirigido a la selección de las personas que pueden ser etiquetadas con una de las categorías diagnósticas que, en gran medida, se sitúan dentro de lo que se ha llamado discapacidad. Y la discapacidad es descrita desde el modelo social como una forma de opresión. El ejemplo descrito por María José lo hace evidente, la categoría misma conforma la realidad, tal como ya hemos argumentado en los anteriores capítulos. Según Oliver (1990), salir de este bucle requiere rechazar las categorías basadas en construcciones médicas o sociales que no tienen que ver con la experiencia directa de las personas con discapacidad. Todas las personas en situación de discapacidad —también los niños y las niñas— experimentan la discapacidad como una restricción social, porque los entornos son inaccesibles, porque utilizamos concepciones sobre la inteligencia y competencia social más que cuestionables, etc. Se construye toda una realidad alrededor de la persona que deslegitima su forma de pensar, de moverse, de actuar, de sentir, de comunicarse, etc. Y se le culpabiliza de su situación.

En la escuela, el proceso es el mismo: se entiende que el lugar de determinados niños y niñas no es el aula ordinaria, nos resulta extraño que estén allí porque cuestiona las lógicas de la institución —donde hay una forma de comportarse, de pensar y de sentir, un ritmo obligado, unos intereses típicos, etc.—, y vamos, poco a poco, mandando mensajes incisivos e insistentes al estudiante y a todo su entorno para que asuma que ese no es su lugar. No tiene que haber conciencia ni mala fe para que esto ocurra. Es algo que sale así, porque la escuela nos entrena para ello. Los docentes hacemos saber que las cosas «no van bien». Que ese comportamiento «no es normal». Que no hace lo mismo que el resto… Y este sacar de la norma acaba por la búsqueda de una justificación para la exclusión, que siga aquí es perjudicial para él o ella. Toda esta presión creciente desemboca en una frase en la que el equipo docente desplaza su responsabilidad hacia el departamento de orientación, es necesario que alguien ponga una etiqueta que legitime la exclusión. La frase es «Mírame a este niño».

¿QUÉ SUBYACE A LA EXPRESIÓN «MÍRAME A ESTE NIÑO»?

Por María José G. Corell, orientadora

https://minifi.ca/SeWmW

Toda persona que haya ejercido su rol dentro de la orientación educativa ha escuchado en más de una ocasión el consabido «mírame a este niño o niña». Podemos desgranar las concepciones que subyacen en esta demanda. Por un lado, trasluce una creencia errónea y reduccionista o, al menos, algún desconocimiento de cuál es nuestro rol como orientadores en los centros educativos (como en la conocida anécdota de los «pakistanís», «pa' qué están ahí»). También refleja una concepción de la enseñanza, del aprendizaje y, sobre todo, de la falta de él y de quién es la responsabilidad si no lo hay. Incluso de qué considera un problema y qué hay que hacer para solucionarlo. Parafraseando a Santos Guerra podemos decir «dime qué demanda haces y te diré qué docente eres». Con esta demanda se busca una solución mágica, como diría Mara Selvini (2004), que venga desde fuera de mí, porque ¿no es mi función buscarla?

Pero me quiero centrar en que a este tipo de demanda subyace también el modelo, el paradigma de la educación de quien la realiza. Es decir, es reflejo del modelo de integración, el modelo de necesidades educativas especiales. Desde esta concepción, el alumno es el único responsable de «lo que le pasa», y su atención deja de ser responsabilidad del docente del aula, serán las personas que «se encargan de la atención a la diversidad» quienes deberán hacerse cargo del alumno o la alumna, darle respuesta y, además, decirle qué debe hacer cuando esté en su aula.

Ante este tipo de demanda, lo más fácil es evaluar al niño, etiquetarlo y hacer un informe psicopedagógico. ¿Para qué sirve esto? ¿Qué aportamos trabajando así? ¿Se soluciona la demanda real que subyace al «mírame a este niño»? ¿Contribuimos así a la mejora real, a transformar la escuela?

Es necesario, y ya urgente, dar el salto a lo que hemos llamado «inclusión», al modelo social, donde la responsabilidad no recaiga en lo individual ni en el más débil. Esta transformación no puede quedarse en mero maquillaje, que cambien unas palabras por otras políticamente más correctas, sino que debe ir acompañada de un cambio profundo en las concepciones, creencias y representaciones que nos hacemos del alumnado, y, fundamentalmente, en las prácticas entendidas en sentido amplio, incluyendo las de la orientación.

Reformular este tipo de demanda conjuntamente con quien solicita nuestra intervención, reflexionar juntos sobre qué tipo de enseñanza realizamos, cómo personalizamos y diversificamos lo que ofrecemos, qué relaciones propiciamos en el aula, cómo evaluamos y cómo nos implicamos en la búsqueda de soluciones será imprescindible. Con el objetivo puesto en que nuestra intervención como orientadores debe contribuir a la mejora de estos procesos.

¿Es el alumno individualmente responsable de su falta de aprendizaje? Rotundamente, no. Son esas prácticas, junto al ideario (políticas, culturas) las que están generando las dificultades, es el entorno el que discapacita. Al decidir mis prácticas (metodología, actividades, materiales, evaluación…) decido, junto a ellas, quién tendrá dificultades, quién suspenderá, quién repetirá, quién sobrará en mi aula y a quién habrá que segregar, contribuyendo así a la violencia institucional de la que habla Ignacio Calderón. Por lo tanto, son estos elementos los que van a determinar, a generar las dificultades y la demanda que se nos realiza. Dice Raúl R. López Reyes:

Según el espacio, los tiempos y las actividades que yo monte (yo o la edi[c] torial) en mi aula, estoy decidiendo (eligiendo), no sólo quién va a aprobar y quién va a suspender, sino también, de quién voy a hablar con preocupación a su familia y al o la orientadora del Centro. E inevitablemente quién cabe en mi aula y quién inevitablemente necesita (¿es él, ella, o soy yo quién lo necesita?), ser segregado… No por él o ella, sino por las situaciones de aprendizaje que le proponga. No es él o ella, es mi criterio (Raúl R. López Reyes, orientador, https://minifi.ca/6B7Lv).

Debemos liberar al alumnado de esa responsabilidad individual. Para ello necesitamos desechar muchas ideas y esquemas preconcebidos que están instaurados en las mentes de los profesionales y que venimos arrastrando desde hace mucho tiempo. Hay que hacer notar que resulta altamente injusto que recaiga sobre el alumno o la alumna –el eslabón más débil– el hecho de que no aprenda, suspenda, repita, etc. ¡Porque es una cuestión social!

Recientemente nos lo ha recordado el Comité sobre los Derechos de las Personas con Discapacidad de la ONU en su contundente informe (mayo, 2018), en el que, tras realizar una investigación al sistema educativo del Estado español, insta a los orientadores escolares españoles a dejar de evaluar desde el modelo médico y pasar a realizar la evaluación psicopedagógica desde el modelo social.

Las cifras de abandono y fracaso escolar, el porcentaje de alumnado que no titula, el número de repetidores, pero también el malestar docente y el del propio alumnado, lejos de poder atribuirse a las características de un alumno de manera individual, están indicando que nos encontramos ante un problema estructural.

- Quien, mayoritariamente, sufre el fracaso es el alumnado de rentas bajas perteneciente a minorías étnicas, procedente de otros países y las personas con discapacidad (OCDE, 2013).

- El 64 % del alumnado gitano de entre 16 y 24 años no concluye los estudios frente al 13 % del conjunto de alumnado (Fundación Secretariado Gitano, 2013).

- El 55 % de los adultos cuyos padres no tenían una titulación de enseñanza secundaria superior tampoco alcanzaron un nivel educativo superior (OCDE, 2018).

- España tiene la cifra más alta de alumnado repetidor en programas generales de educación secundaria inferior de todos los países de la OCDE (OCDE, 2018).

- La repetición no solo puede resultar inefectiva para ayudar al alumnado con bajo rendimiento a superar sus dificultades en la escuela, sino que puede también reforzar las desigualdades socioeconómicas (OECD, 2014).

Son solo algunos datos que nos permiten asegurar que si seguimos «mirando» al alumno estamos «mirando hacia otro lado». No puede ser responsabilidad de «un alumno» que, en lugar de propiciar la equidad en las escuelas, se sigan reproduciendo las desigualdades socioeconómicas, los estereotipos y los prejuicios que tanto daño han hecho y seguirán haciendo si no reaccionamos. Aún más, si «miramos» al niño, estamos perdiendo la oportunidad de mejorar el sistema educativo, de realizar un análisis y un cambio en profundidad que realmente posibilite transformar la escuela para que dé respuesta a todo nuestro alumnado.

Con la finalidad de cambiar el foco del alumno o la alumna como portador de las dificultades de aprendizaje, tenemos que enfocarnos hacia el problema real que subyace a toda demanda de ayuda, aunque venga en forma de «mírame a este niño». Es decir, situándonos en la óptica del modelo social, debemos buscar soluciones de manera colaborativa, contando con la implicación de los docentes, del equipo directivo, pero también de las familias y del alumnado.

Para ello necesitamos desarrollar una cultura de cooperación y colaboración. De esta forma podemos iniciar el camino en la construcción de la escuela y la educación que queremos. Construir una escuela más democrática como lugar de convivencia no es posible sin contar con la participación auténtica de la familia y del propio alumnado.

Retomar aquellas de entre nuestras funciones que, en muchos casos, se han ido difuminando en la práctica durante el ejercicio de las mismas, explicitar y hacer entender el rol y pasar al modelo social serían algunas claves para ayudar a avanzar en esta línea.

En la práctica, y en general, nuestro colectivo no ha sabido hacer valer el rol como promotores de calidad y equidad, como coordinadores de planes y programas, como asesores colaborativos para la mejora real del proceso de enseñanza-aprendizaje y de los centros educativos, quedando nuestro rol encasillado en tareas relacionadas con la atención individual a un reducido tipo de alumnado, y, sobre todo, con la evaluación psicopedagógica (al menos los equipos que trabajamos en educación infantil y primaria).

¿Y cómo se puede llevar esto a cabo? Necesariamente, en el momento que nos encontramos, además de unirnos y crear redes, debemos ser críticos, rebelarnos, resistir presiones y desobedecer. Tendremos que buscar los recovecos y las grietas de la legislación educativa, tantas veces contraria con otra legislación de rango superior (véase, por ejemplo, https://minifi.ca/_rp-C), que nos permitan avanzar, pero también desobedecer aquellos mandatos que no estén en consonancia con lo que por justicia debemos propiciar.

La voluntad que nos hace falta en algunas ocasiones a los profesionales podemos encontrarla en que es de justicia ponernos del lado correcto, sin mirar hacia otro lado. Porque nos va en ello la profesionalidad, la implicación, la empatía, el compromiso, la credibilidad, la humanidad y, sobre todo, es una cuestión moral y ética.

En realidad, la justificación que en nuestro fuero interno nos hace ir dando pasos para argumentar lo injustificable se sucede a un proceso gobernado por dos emociones: el miedo y el asco. Ciertamente, localizar estas emociones en nosotros mismos es muy doloroso. Como lo es hacerse consciente de que nuestras prácticas habituales, esas que parecen las correctas en la institución y que llevamos haciendo durante años, van contra los derechos humanos de los niños y las niñas. Pero **ser conscientes de ello habilita una enorme posibilidad de transformación cargada de esperanza: que aprendamos a ser juntos**.

Quizá un caso ilustrativo de ese sentido común que hay que cuestionar sea el de Rubén Calleja:

> Rubén sufrió en el colegio por parte de algunos profesores rechazo, abandono y maltrato, y la Administración educativa en vez de proteger y defender al menor, calló y le abandonó decretando su segregación y exclusión social a un centro de educación especial al que nunca ha acudido (Calleja et al., 2015, p. 72).

Sus padres defendieron el derecho a la educación inclusiva de Rubén, negándose a escolarizarlo en un centro de educación especial, por lo que fueron demandados por la Fiscalía de Menores por abandono de familia. Es fácil imaginar el miedo que debieron sentir aquellos padres. Rubén estuvo aprendiendo en casa con su familia durante cinco años. Nueve años después, lograron un dictamen pionero en todo el mundo, en el que la denuncia de su familia pone en cuestión a todo un sistema educativo:

> El Comité … dictamina que el Estado parte ha incumplido las obligaciones que le incumben en virtud de los artículos 7, 15, 17, 23 y 24 leídos solos y conjuntamente con el artículo 4 de la Convención. En consecuencia, el Comité formula … : a) En lo que respecta a los autores, el Estado parte tiene la obligación de: i) Proporcionarles una reparación efectiva … b) En general: el Estado parte tiene la obligación de adoptar medidas para evitar que se cometan violaciones similares en el futuro (ONU, 2020, p. 13).

A pesar de ello, han tenido que transcurrir cinco años para que la Administración acepte el dictamen del Comité. En 2025, 14 años después de la vulneración del derecho a la educación inclusiva de Rubén, el Tribunal Supremo obliga a la Administración educativa a indemnizarle. Preguntado el padre de Rubén por la posición de los profesionales de aquella escuela, su respuesta es elocuente: «siempre que se cruzaron con nosotros, agachaban la cabeza». Ese gesto expresa una nueva emoción, la vergüenza.

Figura 5. Cronograma de un caso pionero que ha creado jurisprudencia. Es el primero que evidencia la ilegalidad de los dictámenes de escolarización excluyentes, abriendo la puerta a muchos otros

Los profesionales sabemos —si conseguimos no ser presas de la tradición y los sinsentidos de la escuela— que deberíamos estar peleando junto al estudiantado y sus familias por hacer cumplir el derecho a la educación. Y es imaginable que el sufrimiento se habría compartido, que las luchas en compañía son más fáciles y que la emoción resultante, también habría sido compartida, el orgullo, que se expresa con la cabeza bien alta.

Tarde o temprano se nos plantea un dilema. ¿Qué hago, me adapto a lo que se espera de mí o hago cumplir los derechos humanos?

Raúl R. López, orientador escolar
https://youtu.be/rUrESGcgKLU

3.4. La evaluación psicopedagógica como herramienta de poder y segregación: nuestra investigación

En febrero de 2018, alrededor de 100 personas de toda España participaron en un *workshop* celebrado en la Universidad de Málaga como parte del proyecto de investigación «Narrativas emergentes sobre la escuela inclusiva desde el modelo social de la discapacidad: resistencia, resiliencia y cambio social», financiado por el Ministerio de Ciencia, Innovación y Universidades de España. El proyecto tiene como objetivo recopilar relatos de experiencias de estudiantes, familias y profesionales activistas que luchan decididamente por hacer que las escuelas sean inclusivas. Estos activistas evidenciaron una violación sistemática del derecho de muchos niños y niñas a la educación inclusiva debido únicamente a su discapacidad.

Como parte de un proceso de investigación acción participativa (IAP) más amplio, la sesión de 12 horas de trabajo fue desarrollada sistemáticamente y grabada por un equipo de investigación de la Universidad de Málaga, y se transmitió en *streaming* para la participación de personas más allá de los asistentes, con un éxito excepcional, llegando a ser *trending topic* en Twitter (ahora X) España. El trabajo se desarrolló mediante asambleas plenarias y talleres de grupos reducidos por cada nodo surgido en las asambleas. Los participantes fueron planteando sus propias categorizaciones, encontrando lógicas para las realidades escolares y construyendo propuestas de interpretación y resistencia. Todo ello fue transcrito, analizado y ha significado el desarrollo de acciones para la intervención en escuelas, para la movilización del debate público y para la incidencia política al más alto nivel. Toda la información, incluidos los vídeos transcritos y acuerdos, está disponible en https://minifi.ca/4HSMn

Algunas de las conclusiones de esta investigación han sido publicadas en diferentes lugares. Han emanado de ella artículos publicados en dos de las revistas científicas más prestigiosas del mundo (Calderón-Almendros, 2018; Calderón-Almendros et al., 2024), lo que da cuenta del significado y valor de los hallazgos. Esas revistas han alabado el trabajo y el avance que investigaciones participativas como esta pueden generar.

3.4.1. La evaluación psicopedagógica como obstáculo a la educación inclusiva

Las etiquetas creadas por las evaluaciones psicopedagógicas limitan nuestro conocimiento sobre la persona, y su función es dar la impresión de saber cómo es, sin conocerla realmente. La categoría diagnóstica, lejos de ser objetiva, es una construcción subjetiva que, aun con la mejor de las intenciones, se coloca entre el sujeto y el mundo. Esto, definitivamente, juega un papel de control social sobre la persona etiquetada, constituyendo una barrera infranqueable para ella y para sus compañeros y compañeras. La expresión aplastante de una madre es gráfica: «Mi hijo no existía. No era Nico» (Mónica, madre). La etiqueta, depositaria de una evaluación revestida de objetividad y neutralidad, objetiva al sujeto perdiendo parte de su entidad como humano a los ojos de la institución:

> Recuerdo que después de la valoración que hizo la orientadora, me decía: «Es que como Nico no tiene todavía un diagnóstico, claro, no sé qué ponerle». Y yo le decía que eso no tenía mucha importancia, es decir, la valoración ¿para qué se hace? Entiendo que lo que estáis buscando es una respuesta educativa correcta para mi hijo. Y me decía: «No, pero es que tengo que encasillarlo en algún sitio, es que me obligan a poner aquí en el ordenador algo, y ¿qué le pongo?» (Mónica, madre).

Los profesionales hemos aprendido, y el sistema escolar nos mueve a interaccionar con la etiqueta diagnóstica, obviando a la persona. Por otra parte, la evaluación psicopedagógica es también denunciada por no tener en cuenta los contextos. Estos constituyen los dos grandes pilares argumentales de los participantes para entender los peligros de la evaluación psicopedagógica. Se enmarca el problema en lo individual, se encierra en el cuerpo de los niños y las niñas, y así la respuesta terapéutica está justificada, son ellos y ellas los que tienen carencias para adaptarse a la propuesta pedagógica, y en estos casos, todo está protocolizado: el diagnóstico implica la despersonalización. Queda incuestionado en este proceso el currículum, la organización, las metodologías, las actividades, los materiales, los espacios y los tiempos, y todo lo que en ellos pueden suponer barreras para la inclusión. Se genera así todo un universo escolar paralelo para quien no se ajusta a la funcionalidad exigida por la institución, al tiempo que se responsabiliza al sujeto de esas supuestas carencias frente a la norma; el informe cobra un marcado carácter deficitario:

 Héctor difiere poco de sus compañeros. Sabe leer, escribir, sumar, escribe sus propias historias… Entonces, yo soy consciente de todas las cosas positivas. Incluso Héctor acude fuera a actividades de música y a la ludoteca. Todos son capaces de ver las cualidades positivas, y a veces desde los equipos de orientación yo lo que noto es que lo que intentan trasmitirnos es todo lo que ellos no son capaces de hacer, más que lo que son capaces de hacer. Yo pienso que habría que potenciar o dar herramientas para superar todos esos hándicaps que tienen, más que contarnos lo que nosotros ya sabemos: «que no pueden hacer esto, que no pueden hacer aquello…» Y mucho menos ya decirnos que «no son capaces de…», porque si Héctor a estas alturas ha hecho todo lo que ha hecho es porque se puede hacer, y porque tiene un mérito enorme (Paula, madre y activista).

Esta madre evidencia la mirada deficitaria en la orientación escolar y, en su análisis, rescata al niño de la categoría, con su mirada, al mostrar la capacidad de su hijo, su singularidad, la importancia de los contextos y sus miradas, la superación de la categoría diagnóstica y el mérito. Es decir, la madre reconfigura el discurso público: «diferir un poco» frente a ser diferente, capacidad frente a incapacidad (y la realidad frente a una profecía), singularidad frente a la categoría (Héctor frente al autismo), sujeto frente a objeto, mérito frente a incompetencia.

En la misma línea, una maestra señalaba la importancia de trabajar desde las capacidades, desde la posibilidad:

¿Y tú no crees que para trabajar esas necesidades lo tenemos que hacer desde la fortaleza del alumnado? Desde sus puntos fuertes, que los tiene. ¿No creen que sea algo que debería formar parte de la evaluación? ¿Cómo voy a abordar esas necesidades si no sé en qué me voy a apoyar? (Rosa, maestra).

Las dos últimas evidencias muestran la importancia de centrarse en los facilitadores frente a la profundización en las barreras. Es decir, la evaluación debe partir de lo que se sabe y fomentar «andamiajes» (Wood et al., 1976) para la inclusión, lo que requiere coordinación entre los docentes implicados y alejarse modelo clínico y deficitario y de la exclusión que provoca.

La intención diagnóstica se separa de cualquier pretensión educativa (Calderón y Habegger, 2012; Calderón, 2018). «Una cosa es el diagnóstico clínico y otra cosa es la evaluación del proceso educativo» (Cristina, madre). Pero, además, hace de las evaluaciones psicopedagógicas un obstáculo a la inclusión (Echeita y Calderón, 2014) que, a través de herramientas pretendidamente objetivas (tests psicométricos fundamentalmente), catalogan al alumnado y «se convierten en prueba prescriptiva» en procesos educativos, administrativos y judiciales: «el dictamen es jurídicamente una sentencia. En el caso de nuestros hijos es una sentencia de muerte social…» (Alejandro, padre y activista).

Quien realiza estas últimas afirmaciones, como mencionábamos previamente, recibiría dos años después el primer Dictamen de incumplimiento de la Convención de un Estado parte en materia de educación inclusiva aprobado por el Comité sobre los Derechos de las Personas con Discapacidad (CDPD) de Naciones Unidas en el mundo. En él queda patente el análisis realizado hasta ahora:

En dicho informe se habla de un «comportamiento perturbador» de Rubén, de «brotes psicóticos», así como de un retraso evolutivo general «asociado al síndrome de Down». Dicha terminología es más propia de la psicología clínica que de un informe psicopedagógico y, por su especialidad, las autoras del mismo no estaban capacitadas para efectuar esas apreciaciones, insistiendo en la discapacidad psíquica de Rubén (ONU CDPD, 2020, p. 3).

Ese padre ha sido nombrado Defensor de la Educación Inclusiva por el Informe GEM 2020 de la UNESCO (https://minifi.ca/a8Vv3). Sus palabras mostraban el profundo aislamiento social al que se condena a los niños y las niñas cada vez que son cosificados y ocultados tras una etiqueta diagnóstica en la escuela, algo contrario a lo que cualquier propuesta evaluativa en un sistema educativo inclusivo debe prevenir, la segregación.

El objetivo general de la evaluación inclusiva es que todas las políticas y procedimientos de evaluación apoyen y mejoren la inclusión y participación exitosa de todo el alumnado vulnerable a la exclusión, incluidos aquellos con NEE (European Agency for Development in Special Needs and Inclusive Education, 2007, p. 47) (Traducción propia).

Sin embargo, el procedimiento está completamente naturalizado en las escuelas españolas. Lo extraño es que las familias puedan llegar a cuestionar esa socialización, como ocurrió en el proceso participativo generado, construyendo propuestas de resistencia de gran calado, pero que requieren un fuerte trabajo de cohesión colectiva y argumentación científica:

> Yo lo que propongo es negarnos a que lo evalúen, y exigir el derecho que tienen como cualquier niño a que la educación sea personalizada e individualizada, exigiendo eso no tiene por qué haber un diagnóstico (María José, madre y activista).

La certeza que brinda la técnica, principalmente a través de los test psicométricos, se contrapone a la incertidumbre inherente a la tarea de educar. Sin embargo, la certeza de los protocolos, la tradición y el armazón administrativo que apuntala la actual orientación educativa no elimina la zozobra personal del profesional:

> Y en todo este maremágnum no paro de cuestionarme: ¿quién soy yo para emitir dictámenes y juicios?, ¿cómo favorecer espacios y tiempos más integradores y humanos?, ¿cómo modificar los sistemas de creencias para apostar por que cualquier persona puede? Y entro en continuas contradicciones con lo que se espera que yo haga (Macarena, orientadora).

Otra de las perversiones del sistema respecto de la orientación es el condicionamiento de recursos al etiquetado de niños y niñas. Esta práctica está controlada por las herramientas informáticas a las que han de someterse los centros para la solicitud de medios, particularmente, para solicitar personal especialista en educación especial y en audición y lenguaje: Séneca en Andalucía, Itaca en Comunidad Valenciana, Delphos en Castilla La Mancha, Xade en Galicia, Sauce en Asturias… Este proceso entiende los apoyos para la inclusión de una forma muy restringida, y que describe un orientador de forma gráfica, se trata de «buscar niños para los recursos y no recursos para los niños» (Raúl, orientador). Es una inversión de la lógica, son los niños el medio para lograr lo que se supone bueno para ellos, a través de un proceso de etiquetado enormemente pernicioso que justifica prácticas de atención segregada. Y es el conocimiento el que permite la construcción de resistencias a estas dinámicas:

> Mi hijo, desde segundo de primaria o tercero de primaria no ha llevado ningún dictamen médico. Fue el propio neurólogo el que me dio la clave: los diagnósticos médicos son intimidad y, por lo tanto, no tiene que ir al centro si tú no quieres, no tienen posibilidad de exigirte el diagnóstico. El diagnóstico del colegio tiene que ser pedagógico, no clínico (Estela, madre y activista).

El cambio de mirada se materializa en la construcción de colaboraciones entre profesionales y familias. El empoderamiento procede de este cambio de mirada que se aprende de la convivencia y el conocimiento real de la persona, no mediado por etiquetas. Una mirada que permite cuestionar «que somos muy diferentes de los que son normales» (Marisa, madre) y que invita a cuestionar prácticas que no están éticamente guiadas. Así, las familias que viven el proceso de orientación, evaluación psicopedagógica y dictamen como algo dominado por la opacidad y el desconocimiento, deben tomar un papel protagónico, tienen las claves para mostrar a los docentes y orientadores otras formas para hacer su trabajo y crear alternativas.

3.4.2. Algunas conclusiones del estudio

Durante las últimas décadas, la investigación internacional ha ido apuntalando la educación inclusiva como uno de los mayores retos que afrontan los sistemas educativos de todo el mundo. Hacer de nuestras escuelas espacios en los que se construye ciudadanía a través de la equidad y la inclusión es un propósito que se ha asentado en el último instrumento de derechos humanos (la CDPD) que matiza el derecho a la educación como el derecho a la educación inclusiva. Lo hemos situado como el objetivo de desarrollo sostenible n.º 4 de la Agenda 2030, lo cual nos hace ver la dimensión del reto. Esto se asienta en los aportes de la investigación internacional que nos muestra el valor social y educativo de la educación inclusiva. La UNESCO (2020), por su parte, resalta justificaciones educativas, sociales e incluso económicas. Por tanto, a la educación inclusiva le asiste la razón, la justicia y nuestra voluntad. Hemos decidido transformar nuestros sistemas escolares, pero hay serios impedimentos para que ese cambio se produzca a lo largo y ancho del planeta.

La evaluación psicopedagógica y los dictámenes de escolarización que acaparan buena parte de la tarea de los equipos de orientación escolar en España son una de esas piedras angulares que ahora mismo están entorpeciendo el progreso de la educación inclusiva en el país. Las voces de un centenar de activistas en un proceso de gran calado participativo nos han ayudado para entender cómo estas evaluaciones se convierten en procedimientos estigmatizantes que son la antesala de la segregación. Este proceso de participación ha contribuido a deconstruir la discapacidad en la escuela (Danforth y Rodhes, 1997), y ha sido respaldado con el tiempo por informes de organismos internacionales.

Los análisis, argumentaciones y planteamientos generados tratan de poner la evaluación psicopedagógica al servicio del derecho a la educación y no de la segregación, partiendo de la necesaria presencia y continuando en la mejora de las condiciones en las que se desarrolla en los centros escolares. Un proceso que tiene que enfocarse en la periferia del actual proyecto de la escuela, en las voces de la comunidad, en las capacidades de todos y todas para evolucionar y en la necesaria revisión de nuestras propias limitaciones; algo que requiere un trabajo en el que los profesionales alimenten su capacidad reflexiva y crítica gracias al concurso de las voces silenciadas de la escuela, resistiendo colaborativamente a su silenciamiento y a la negación de la legitimidad de sus diferencias.

UN MODELO RESPETUOSO CON LAS FAMILIAS

Viki Burriel, orientadora

Cuando hablamos de asesoramiento a las familias, lo hacemos desde el modelo de orientación colaborativo en que nos reconocemos y, por tanto, el objetivo de base es acercar ambos sistemas, familia y escuela, favoreciendo puntos de encuentro y colaboración, y promoviendo la emergencia de objetivos compartidos y acuerdos prácticos de actuación hacia sus hijos e hijas.

Estas relaciones buscamos que se den en un marco de respeto y valorización de la diversidad familiar en cuanto a su composición, valores, creencias, culturas, y siempre evitando las posiciones paternalistas de la escuela hacia los padres que dificultan la creación de relaciones simétricas más democráticas y creativas…

En las escuelas más democráticas, las familias son realmente partícipes de los procesos de decisión y mejora de los centros. El modelo de evaluación psicopedagógica que presentamos en esta guía propone un papel muy activo y decisorio de las familias. Pero hay una condición previa para poder desarrollar este modelo, y es que las relaciones con las familias sean respetuosas para lo que proponemos algunas preguntas para valorar nuestro papel en el desarrollo de esta premisa:

1. ¿Utilizamos un lenguaje respetuoso cuando hablamos sobre las familias?

2. ¿Habilitamos mecanismos y desarrollamos una cultura institucional que protege la intimidad de las familias y la confidencialidad?

3. ¿Favorecemos mecanismos de comunicación frecuente con las familias, especialmente con aquellas que se pueden encontrar en situación de desventaja?

4. ¿Se trabaja con el objetivo de establecer un vínculo positivo con las familias del alumnado, sea cual sea su condición, estilo o formas de vivir y de educar?

5. ¿Pensamos la diversidad familiar como un aspecto más que acoger de la diversidad humana, teniendo en cuenta las barreras que pueden encontrar para adaptarse en la cultura y tradiciones mayoritarias?

6. Cuando se dan dificultades en el ámbito familiar que pensamos que afectan el alumnado, ¿intensificamos la frecuencia de contacto y seguimiento con estas familias? Esto implica la frecuencia, pero también el contenido: ¿es alentador para las familias o siempre muestra aspectos negativos? Si tenemos que pedirles que cambien algo, por ejemplo, el absentismo, ¿lo hacemos en un clima tranquilo y de aceptación, sin culpabilizar, pero pidiendo compromiso y ofreciendo ayuda? Para abordar diferencias o críticas es útil pensar que siempre hay puntos fuertes, puntos de unidad con esta persona, y merece la pena empezar por estas cosas que nos unen, de forma que podremos después tratar las diferencias desde la confianza.

7. Si detectamos situaciones de desprotección de los menores y tenemos que recurrir a notificar a servicios sociales, ¿lo explicamos previamente a la familia? En estas reuniones tendríamos que trabajar para hacer consciente a la familia de los errores que estamos viendo y cómo la decisión es para ayudar sus hijos/as y a ellos mismos.

8. El equipo de orientación, ¿está suficientemente disponible para atender las demandas de asesoramiento directo de las familias?

9. ¿Se cuida que las condiciones para las reuniones con las familias sean acogedoras y promuevan la necesidad de intimidad cuando la temática lo requiere? Si tratamos un tema delicado, ¿garantizamos ser máximo dos o tres profesionales en la reunión? ¿Invitamos a las familias a acudir a las reuniones acompañadas para favorecer un clima de seguridad y respeto?

10. ¿Favorecemos procesos de empoderamiento de las familias, especialmente cuando acontecen situaciones de desventaja?

En la creación de esta guía hemos reflexionado sobre lo contradictorio que es que la normativa recoja el término inclusión junto con prácticas exclusoras, como son las propuestas de escolarización en centros o aulas específicas. Se le da la vuelta al concepto inclusión y al final se le quita el contenido que realmente tiene. Con la utilización del concepto «barreras para el aprendizaje y la participación» ha pasado algo parecido. Se ha extendido en el contexto educativo utilizar expresiones del tipo «la familia es una barrera», «las condiciones socioeconómicas de la familia son la barrera», «la barrera la pone la familia cuando no hace…». También, a menudo, se señalan las características familiares o culturales de un niño o niña como una de las barreras. Esto subvierte el concepto de barrera y es un contrasentido. Las barreras en relación con las familias tienen que ver con cómo las instituciones educativas, políticas o sociales lo ponemos difícil para algunas familias. En todo caso, tenemos que buscar cómo nos estamos relacionando con ellas, cómo nos comunicamos, si somos capaces de mostrar que la escuela es un recurso valioso para su familia o si, por el contrario, nos perciben como una amenaza. Si situamos a la familia como una barrera, descargamos la responsabilidad de la institución, echando balones fuera e imposibilitando los procesos de mejora.

Intimidad y confidencialidad

A menudo se exige a las familias que aporten al centro informes médicos o sentencias judiciales… Sería conveniente reflexionar en los claustros sobre el tratamiento de este tipo de documentación. En primer lugar, las familias no están obligadas a compartir su historial médico, ellas son las que deben valorar qué quieren que se conozca y qué quieren preservar. Esto, que parece obvio, a veces no lo es en los centros educativos y se trata como si fuera obligatorio informar. En segundo lugar, está lo que nosotros hacemos con esta información, los informes médicos a menudo se guardan en el expediente, lugar que es accesible para cualquier docente o administrativo. Por muy profesionales que seamos, no es prudente guardar informes que pueden contener información muy sensible en un sitio tan público. En ocasiones, estos informes explican abusos sexuales, malos tratos, condiciones genéticas o enfermedades que pueden significar la estigmatización de la persona, como el SIDA o las enfermedades mentales. Estos documentos, en lugar de archivarse en el expediente, deberían conservarse en una carpeta confidencial custodiada por el equipo directivo. Hacer esta reflexión en el claustro y en el consejo escolar evitaría el tratamiento inadecuado en sesiones de evaluación y otras reuniones, en las que se maneja esta información de forma ligera y desconsiderada.

4. Un marco para la actuación, porque no todo vale: las líneas rojas

Sobre la base de toda esta argumentación y justificación, asumimos que no todo vale en la educación inclusiva. Cuando pretendemos hacer prácticas educativas respetuosas con todos los seres humanos, también necesitamos revisar todas aquellas que, a pesar de estar muy instaladas en el ideario colectivo de las escuelas, por formar parte de la tradición y de las propuestas administrativas hegemónicas, juegan en contra de nuestra pretensión. No ponerlas de manifiesto podría hacer pensar que la propuesta que aquí se desarrolla es compatible con ellas, pero no es así. Son líneas rojas que impiden una práctica inclusiva.

PRESIONES

Viki Burriel, orientadora

Estoy otro año, otro curso, en otro centro, de nuevo ante la angustia conocida, de nuevo ante las críticas socavadas a lo que haces, a lo que defiendes, a los proyectos que has conseguido promover. Son críticas veladas de las que no te puedes defender, porque no son abiertas, porque ante ellas no caben argumentos, ni pruebas, ni razón. Nada vale ante esos ataques porque son climas de opinión dirigidos a la línea de flotación de nuestro rol orientador, que es nuestra credibilidad, la confianza que pueden tener en nosotras una parte de nuestros compañeros y que nos permite acompañarlos en las transformaciones que emprenden. En el momento en el que empiezan me angustio y no comprendo el porqué de las hostilidades que manifiestan esas personas, pero, cuando lo pienso bien, entiendo que no están de acuerdo con los avances que estoy promoviendo, que preferirían que todo siguiera igual; me ven como una amenaza. Este año decido hablarlo con el equipo directivo, y me ayudan, hablan con una de esas personas, la frenan. Yo lo agradezco, pero sé que es cuestión de tiempo que vuelvan a mover a la gente en contra de lo que estamos haciendo. Sé que estas cosas van en mi rol, que no es algo personal, pero eso no me sirve para evitar la angustia. Busco palabras de apoyo en otros compañeros y es entonces cuando puedo decirme a mí misma: «ladran, luego cabalgamos».

4.1. Las líneas rojas de la evaluación psicopedagógica

Proponemos otra metáfora: nuestra propuesta de trabajo se ubica en un lienzo sobre el que pintamos. Es en ese lienzo, y no fuera de él, en el que desarrollamos nuestra intervención profesional. En este sentido, **las líneas rojas proporcionan una demarcación clara de una práctica de la evaluación psicopedagógica** que pretende combatir la exclusión.

El siguiente decálogo establece el marco, lienzo o límites de nuestra acción orientadora:

1. La evaluación no puede vulnerar los derechos humanos, lo que implica que tiene que proteger siempre, entre otros, el derecho fundamental a la educación inclusiva: **nunca puede suponer un motivo de segregación del aula o del centro**.

2. Cualquier propuesta de evaluación psicopedagógica **ha de contar de forma clara con las voces del alumnado y sus familias**. Debe ser una construcción colaborativa junto a los y las docentes. Por otra parte, las familias deben tener reconocida la capacidad para aceptar o no los aspectos individualizados de la evaluación psicopedagógica cuando esta se refiera a su familiar. El papel de la orientación no es oponerse a la familia, sino el de trabajar junto a ella, protegiendo los derechos humanos. Estos son el límite de dicha relación.

> ES NECESARIO IMPEDIR LAS CATEGORÍAS DIAGNÓSTICAS COMO FORMA DE EVALUACIÓN PSICOPEDAGÓGICA. **CUANDO APARECE LA CATEGORÍA, DE ALGUNA FORMA SE ANULA A LA PERSONA**; Y UNA EVALUACIÓN EDUCATIVA TIENE NECESARIAMENTE QUE PONER EN VALOR A LAS PERSONAS.

3. En caso de que se aborde la discapacidad, la evaluación ha de estar **basada en el modelo social y de derechos**, alejándose del modelo clínico. Debe ofrecer, por tanto, una mirada sistémica.

4. Como consecuencia de lo anterior, es necesario **impedir las categorías diagnósticas** como forma de evaluación psicopedagógica. Cuando aparece la categoría, de alguna forma, se anula a la persona, y una evaluación educativa tiene, necesariamente, que poner en valor a las personas. En este sentido, se destaca la

necesidad de prestar atención también a esas categorías socialmente asumidas como «leves».

5. Las intervenciones que se propongan **han de orientarse fundamentalmente desde lo común**, evitando una mirada inicial específica.

6. Debe **excluirse de las prácticas evaluativas la utilización de test psicométricos** por los efectos nocivos demostrados que producen y por la injusticia social que esconden.

7. La evaluación psicopedagógica tiene que **huir de propuestas estandarizadas**, porque, precisamente, necesita centrarse en el carácter único del contexto, de la situación educativa de cada aula, centro y comunidad educativa. En este sentido, recuperar y construir relatos biográficos y narrativos puede ser de gran ayuda.

8. La evaluación psicopedagógica del grupo clase **ha de poner el foco en el respeto** a los ritmos naturales de aprendizaje frente a exigencias estandarizadas, el cuerpo y las potencialidades, y no en el déficit.

9. La evaluación debe concluir en un informe útil para la situación particular de esa clase, alejado de la impostura y la justificación para solicitar recursos, porque es una herramienta educativa. **Ha de identificar barreras** (al acceso, al aprendizaje y a la participación) **y constituir una propuesta práctica** que ofrezca herramientas y que sea accesible para las personas a las que afecta (toda la comunidad educativa).

10. Las medidas inclusivas que se propongan han de **tener un seguimiento y evaluación** en orden a adecuar la propuesta a las condiciones reales del proceso de enseñanza-aprendizaje.

RESPETAR PARA TRANSFORMAR

Marisensi Muñoz, orientadora

Me incorporé tarde como orientadora, después de haber sido madre y de haber vivido una lucha intensa para que la escuela reconociera a mi hija y a mi hijo. Esa experiencia me marcó profundamente y, desde entonces, no puedo mirar la escuela sin pensar en cómo la viven las familias. Quizá por eso me sitúo tan cerca de ellas, entendiendo sus miedos, su rabia, su esperanza. Además, ser interina me ha dado la posibilidad de recorrer muchos centros y conocer realidades muy distintas. En cada uno de ellos, he intentado mirar con ojos nuevos, sin perder de vista lo aprendido.

La verdad es que nunca me he sentido una orientadora al uso. Desde el principio llegué con una mirada crítica, con unas bases fuertes que no me han permitido quedarme al margen de ciertas prácticas habituales que perpetúan desigualdades y vulneran derechos humanos dentro de la escuela. Siempre he tratado de cuestionarlas situándolas en el terreno del maltrato, del abuso normalizado. Creo en la importancia de construir otra forma de hacer, más respetuosa, más humana.

No me he centrado en grandes proyectos. Me interesa más cuestionar culturas escolares que dañan, compartir lo que sí funciona, sembrar dudas, abrir grietas. Y, aunque vengo de un largo proceso de revisión personal, entrar como orientadora en la escuela ha sido duro, porque aquello que intuía desde fuera... desde dentro, a veces, es aún peor. He visto maltrato disfrazado de norma, infancia obligada a encajar en moldes absurdos, juego sustituido por esfuerzo y control. Como si estuviéramos corriendo una carrera de fondo en la que el disfrute y la satisfacción no tuvieran cabida.

En ocasiones, esta forma de mirar la escuela me ha traído conflictos. En varios centros me he sentido cuestionada, incluso rechazada. Pero con el tiempo he entendido que el profesorado repite lo que ha visto, lo que ha vivido o lo que cree que «tiene que hacer», y detrás de estas prácticas hay una cultura que se transmite sin cuestionarse, de espaldas al sufrimiento que provoca, condenada así a repetirse; si no tomamos conciencia de los efectos nefastos de lo que hacemos, es imposible crear otra escuela mejor. Por eso, mi estrategia ha sido invitar, sin juzgar, a procesos de reflexión, porque si nos sentimos juzgadas o culpabilizadas, es imposible poder mirar de otra manera. Si queremos respetar a la infancia, el primer paso es romper con el círculo de violencia que afecta a todos y todas, y, como personas adultas, conquistar espacios y tiempos para respetar, cuidar y acompañar los procesos de desarrollo, también de los y las docentes.

Si algo he aprendido en este recorrido es que no puedo sola, que para sostener esta postura he necesitado redes de apoyo, espacios donde poder contar cómo me siento, buscar alianzas en compañeras sensibles con las que compartir pequeñas acciones que, a veces, han sido un mundo. Para transformar de verdad necesitamos acuerdos previos claros de los que partir: mínimos éticos que garanticen el respeto a la infancia, a las familias y, también, entre nosotras, las personas adultas que habitamos la escuela. Son esas líneas rojas que nos recuerdan hasta dónde no podemos ceder, y desde dónde sí podemos construir. Puede que sostenerlas no siempre sea fácil, pero son las que nos permiten avanzar sin traicionar lo esencial. Cuando se tienen en cuenta, cuando se piensan y se comparten, se convierten en refugio y en impulso.

Creo firmemente que otra escuela más humana sí es posible. Se está tejiendo ya cada vez que alguien decide no mirar hacia otro lado y se pone al servicio de construirla cuidando lo que realmente importa: el reconocernos a todas las personas, el crear vínculos, el respeto común y el derecho de sentir, de ser, de estar y de participar.

5. Recursos para la disidencia

5.1. Fundamentos para desterrar de nuestras prácticas la escolarización fuera del aula ordinaria

En muchas ocasiones nos vemos ante la tesitura de firmar dictámenes de escolarización colegiados que traspasan las líneas rojas por ir contra el derecho humano a la educación inclusiva. Somos conscientes de la complejidad que implica hacer una negativa individual a la presión de otros colegas que aún continúan siguiendo las directrices hegemónicas que organizan la evaluación psicopedagógica. Por ello hemos creado un documento que fundamenta la decisión en el respeto a los derechos humanos y la evidencia científica disponible acerca de la educación inclusiva. Este documento, que está disponible en https://minifi.ca/783np, puede firmarse y anexarse a un voto particular en una decisión colegiada, poniendo de manifiesto que se trata de una decisión fundamentada legal, moral y científicamente. Y, por otra parte, evidencia algo fundamental, que no tomamos esta decisión en soledad, sino de forma colectiva. En la base de esta acción está la filosofía del movimiento social Quererla es crearla: no basta con querer la educación inclusiva, tenemos que crearla dando pasos adelante con acciones como esta.

Resumiremos a continuación los seis grandes argumentos en los que se apoya esta fundamentación, que están sirviendo a profesionales, familias y abogados en la tarea de fundamentar decisiones o propuestas referentes a las modalidades de escolarización:

Descarga el
documento en
https://minifi.ca/783np

1. El objetivo de desarrollo sostenible n.º 4 de la Agenda 2030, que España ha asumido junto con otros 193 Estados miembros de la ONU, reza así: «**Garantizar una educación inclusiva y equitativa de calidad y promover oportunidades de aprendizaje durante toda la vida para todos**» (ONU, 2015). Se trata de un objetivo que nos hemos propuesto alcanzar para 2030, es decir, dentro de cinco años. Esto implica para todos los profesionales de la educación, y los equipos de orientación en parti-

cular, una revisión de sus prácticas habituales para construir este gran proyecto social y educativo de educarnos juntos.

2. En 2008 nuestro país ratificara el último instrumento de derechos humanos (ONU, 2008), «**el derecho a la educación es un derecho a la educación inclusiva**» (ONU, 2013, p. 3). Esto implica una transformación a fondo de la concepción de la escuela y, por ende, de la evaluación psicopedagógica y la orientación escolar, ya que:

> significa que los Estados parte tienen la obligación concreta y permanente de proceder lo más expedita y eficazmente posible para lograr la plena aplicación del artículo 24 (ONU, 2006). Esto no es compatible con el mantenimiento de dos sistemas de enseñanza: un sistema de enseñanza general y un sistema de enseñanza segregada o especial (ONU, 2016, p. 13).

3. Es particularmente necesaria la revisión la evaluación psicopedagógica, así como la derivación hacia modalidades de escolarización segregadas. Existen evidencias claras que ponen de manifiesto que la configuración actual de la profesión de la orientación está constituyendo un obstáculo a la educación inclusiva (Calderón, 2018; Echeita y Calderón, 2014; Calderón y Rascón, 2020), hasta el punto de haber sido una de las principales razones por las que el Comité sobre los Derechos de las Personas con Discapacidad de Naciones Unidas concluye que nuestro sistema educativo viola «grave y sistemáticamente» los derechos de algunas personas:

> En la práctica, el sistema [de orientación, que genera informes psicopedagógicos y dictámenes de escolarización] se centra en los déficits y las deficiencias del alumno, y resulta en **la estigmatización del alumno como no educable en el sistema de educación general**. En vez de explorar todas las posibilidades de inclusión del alumno, **los diagnósticos impiden que los centros educativos ordinarios proporcionen medidas de apoyo y ajustes razonables** (ONU, 2017, p. 10, el subrayado es nuestro).

4. El *Global Education Monitoring Report 2020*, apunta que «debatir acerca de los beneficios de la educación inclusiva puede ser equivalente a debatir acerca de los beneficios de la abolición de la esclavitud o del apartheid» (UNESCO, 2020, p. 5). Es decir, **la perspectiva de derechos y ética no necesita argumentación**

dirigida hacia los resultados (Ziljak, 2013; Cologon, 2020; Lindsay, 2007; Cara, 2013; Haug, 2017; Ainscow et al., 2006; Lipsky y Gartner, 1996; Slee, 2001).

5. En cualquier caso, las evidencias científicas internacionales desde hace más de medio siglo son muy consistentes y van en aumento, sosteniendo **los beneficios de la educación inclusiva frente a la educación en ambientes segregados**. Son destacables las revisiones sistemáticas de evidencias científicas y metaanálisis de ARACY (2013), Cologon (2019), Hehir et al. (2016), Fisher et al. (2002), European Agency for Development in Special Needs Education (2018) y Szumski et al. (2017). Los beneficios de la educación inclusiva, más allá de la justicia social que favorece, se reparten en diferentes áreas o dimensiones: la mejora en la socialización, el sentimiento de pertenencia a una comunidad, la sensación de bienestar por las relaciones sociales con compañeros y docentes y la inclusión social, el aprendizaje académico, así como el mantenimiento y generalización de los aprendizajes, la comunicación y el desarrollo del lenguaje y el comportamiento, entre otros. También se muestran otros beneficios, como la mejora de las prácticas de enseñanza de los docentes al hacerse más sensibles a las necesidades de los estudiantes (Jordan et al., 2010; Purdue et al., 2001). Por otra parte, los beneficios de la educación inclusiva afectan a alumnado con y sin discapacidad, incluyendo también al alumnado etiquetado como con discapacidades severas y múltiples (Cologon, 2020; Ruppar et al., 2017).

6. Hay que señalar **la ausencia de evidencia de calidad contraria a estos postulados** que sostenga que existe un mayor beneficio de la educación especial frente a la educación inclusiva (Cologon, 2019; Hehir et al., 2016; Jackson, 2008), y la que hay en realidad compara la escolarización en escuelas especiales u ordinarias, sin que puedan calificarse de prácticas inclusivas (Cologon, 2019; Lindsay, 2007). Por otra parte, la revisión de evidencias sugiere que asistir a centros segregados minimiza las oportunidades de inclusión social tanto a corto plazo (en la escuela) como a largo plazo (tras graduarse) (European Agency for Development in Special Needs Education, 2018).

Este cuerpo de evidencias, así como el hecho central de que la educación inclusiva es un derecho humano reconocido en la legislación internacional ratificada por España y en las leyes orgánicas que regulan nuestro sistema educativo (LODE y LOMLOE), pueden significar el sustento de una negativa personal a firmar un dictamen de escolarización segregado. Pero más allá de esta negativa a la segregación, es esencial recordar que cuando hablamos de escolarización en el aula ordinaria, necesariamente debe implicar la posibilidad de participar de ella. Es decir, hay que convertir esa aula ordinaria en un espacio inclusivo, porque el aula no es solo un espacio físico. Es todo lo que sucede dentro, como sus actividades y, sobre todo, las relaciones interpersonales que se dan en ella, incluyendo las expectativas que se tienen de cada quién. «Por ejemplo, algunas veces he visto a la persona especialista de PT dentro del aula, pero sentada en una silla al lado de un alumno concreto que está haciendo una actividad completamente diferente» (González Gándara, 2022, p. 66). Es decir, no sirve de nada estar en el mismo espacio físico haciendo algo totalmente desconectado.

Sabemos que un centro escolar no cambia si no hay crisis, lo que supone transitar caminos por conocer, alcanzables gracias a la profesionalidad crítica de nuestros docentes. Sin embargo, no es fácil afrontar esos episodios de zozobra en solitario. Herramientas como esta nos hacen sentir acompañados y sostenidos por el trabajo de otras personas que reman en la misma dirección.

5.2. A vueltas con los recursos

En el próximo capítulo vamos a adentrarnos en la propuesta que trae esta guía. Sin embargo, sabemos que la realidad de los centros es compleja; a veces, mucho más de lo que cualquiera podría imaginar. Mover la institución de su tradición no es tarea fácil, pero eso no significa que no sea posible. En ocasiones, lidiar con esas dificultades significa mucho y no siempre estamos en condiciones de lograrlo todo. Los siguientes testimonios expresan cómo algunos de los miembros del Colectivo AlterEvaluación hemos capeado algunos de los grandes conflictos que se nos presentan en los centros, que a menudo están relacionados con el sentido mismo de eso que llamamos recursos. Son acciones de resistencia y disidencia, que se desarrollaron cuando otras acciones eran todavía inalcanzables en los contextos escolares en los que se produjeron. En el capítulo 5 mostraremos el trabajo de fondo que, poco a poco, va consiguiendo que, incluso, las acciones de disidencia que aquí se presentan vayan dejando de ser necesarias.

A menudo las orientadoras **nos enfrentamos a presiones** de nuestros compañeros, de los equipos directivos e, incluso, de inspección educativa para que categoricemos a algún alumno con la justificación de que, si no, no se le pueden asignar recursos personales de PT, AL o educador…

Inicialmente, hay un posible **debate sobre la relatividad de los recursos**, pues, a veces, se hace un mal uso y están haciendo cualquier cosa menos inclusión. A veces nos hemos encontrado con negaciones iniciales de profesorado de pedagogía terapéutica a entrar en el aula. Por otra parte, cuando nos encontramos con actuaciones educativas realmente inclusivas, por ejemplo, con la docencia de dos docentes dentro del aula, o con voluntariado dentro del aula en horario lectivo, estas facilitan mucho la participación del alumnado sin necesidad de recursos personales de especialistas.

Evitar la categorización y desviar esas demandas hacia transformaciones y mejoras en las prácticas del centro y del aula ordinaria es nuestra estrategia principal.

Propiciar la reflexión sobre el recurso

Una práctica que hemos hecho en alguna ocasión no va tanto en la línea de obtener recursos a través de vías alternativas, sino —por el contrario— propiciar una reflexión sobre ese recurso que parece que se ofrece y, más concretamente, para estimar su «valor». O, si se quiere, cuestionar su valor, como puede verse en el siguiente caso:

Niña sorda con implante coclear. En principio, podría ser catalogada como ACNEE de manera casi inmediata y, desde ahí, acceder a algún apoyo. Con la familia se comenta y valora la situación de la niña, y valora el apoyo que podría recibir. Teniendo en cuenta que ya acude a atención logopédica a través de una entidad social, y temiendo los efectos negativos del etiquetaje y de las prácticas a través de las cuales se ofrecen esos apoyos en la escuela, se decide no continuar con la propuesta (Manuel, orientador).

En la base de esta idea está la evidencia de que tener los recursos **no siempre garantiza una mejor atención** y, en ocasiones, se ha priorizado etiquetar a alumnado para mantener esos recursos en el centro, a pesar de que dicho alumnado no lo necesite. En muchas ocasiones, la presencia del recurso puede significar una piedra más en el camino de la exclusión. Por eso es muy importante **valorar las posibles ventajas e inconvenientes** de solicitar un recurso personal o no.

En el caso de **necesitarse solicitar beca**, no es válida ninguna valoración de la orientación del centro, sino que es necesario que se haya emitido un informe por los servicios médicos correspondientes, salud mental y centro de valoración de la discapacidad. Recordemos que solamente un psiquiatra o un psicólogo con la especialidad de psicólogo clínico y contratado como psicólogo clínico (que nunca es el caso de las orientadoras y orientadores educativos) es quien puede emitir un informe de discapacidad.

Equilibrio entre evitar y ceder

> En mi caso, el chantaje es para el tema de las becas: si no hay etiqueta no hay becas. Mi enfoque es, a nivel centro, decir una y otra vez que yo no hablo de NEAE, ni de diagnóstico y, en general, lo menos que se pueda de casos individuales. También les digo que los informes psicopedagógicos son un documento confidencial, para la familia, y que solo comparto con el personal la parte que se refiere a estrategias para llevar a cabo en el aula ordinaria, para todo el alumnado. En esos informes, añado una justificación de cómo la administración obliga a categorizar, en contra de las convenciones internacionales. Es decir, «cedo» a la Administración, añadiendo una especie de «voto particular» en los documentos que se emiten, a la vez que en el centro evito el etiquetado (David G. Gándara, orientador).

En ocasiones también se produce **confusión entre las misiones de los distintos perfiles profesionales**, por ejemplo, entre especialistas de audición y lenguaje y logopedas, al igual que con las funciones de los monitores o profesorado especialistas en integración social (que no inclusión). Por eso es importante cuestionar, incluso, el valor educativo de figuras que se han instalado en nuestras escuelas, y que se han asumido como lógicas e imprescindibles. Es el caso del llamado «profesorado sombra».

Cuando se ve necesario conservar recursos personales, es importante averiguar si las plazas de PT y AL son de catálogo o recursos añadidos. La diferencia es esencial para construir nuestra estrategia de intervención.

Querer más y más, ¿para qué?

En mi caso siempre he averiguado si las plazas de PT y AL son de catálogo o recursos añadidos. Porque si tienen la plaza en el centro da igual que haya en el listado más o menos, seguirá el recurso en plantilla. Hay alumnado que tiene etiquetas que pesan mucho para los recursos. Poner el máximo de atención a este alumnado al que no se va a quitar la etiqueta permite mantener los recursos.

Cuando he ido a quitar etiquetas lo que he hecho es esperar a que pasara la época del «recuento», es decir, no quitarlos de la plataforma informática hasta que los hubiesen tenido en cuenta para el curso siguiente, aunque ya sabía que el curso siguiente no iba a estar en el listado.

Los recursos son relativos. A menudo se hace un mal uso de ellos. No nos obsesionemos porque nos los pidan; miremos cómo se utilizan. Pero querer más y más, ¿para qué? Tenerlos no garantiza una mejor atención (María José G. Corell, orientadora).

Es decir, **cuando no se tienen esos recursos necesarios,** utilizamos las posibilidades que permite el sistema: primero se etiqueta al alumno y luego se le quita la etiqueta cuando pasa la época del «recuento», es decir, mantenerlos en la plataforma informática hasta que los hubiesen tenido en cuenta para el curso siguiente, razonando si es necesario que se ha podido atender a las necesidades de ese alumnado con medidas pedagógicas para con su grupo/clase. También se puede añadir en el momento de la solicitud del recurso, como ya hemos planteado previamente, a modo de voto particular que la Administración obliga a categorizar, en contra de los acuerdos internacionales para la obtención de los recursos necesarios.

En los procesos de evaluación **al inicio de la escolarización,** sería conveniente ser especialmente cautos y conservadores en nuestras valoraciones acerca del desarrollo de los niños y las niñas pequeñas, porque podemos propiciar un estigma que va a dominar toda una vida.

Evitar la devastación

Evitar la categorización que se nos pide y desviar esas demandas hacia transformaciones y mejoras en las prácticas del centro y del aula ordinaria es nuestra estrategia principal, pero esto no siempre será posible. Cuando se nos agotan las estrategias y marcamos una necesidad de PT, AL..., deberíamos poner medidas para evitar que esta categorización sea devastadora para el autoconcepto y la consideración social de este alumno o alumna.

En primer lugar, dejar por escrito y negociar que no se saque al alumnado del aula ordinaria y orientar hacia sistemas de apoyo desde lo común que no mermen la autonomía del alumno. En segundo lugar, evitaremos derivaciones hacia sanidad que puedan suponer una patologización o medicalización del alumnado, como, por ejemplo, cuando se deriva poniendo sospecha de TDAH... En lugar de esto, podríamos soslayar esta derivación apuntando hacia una simple «dificultad de aprendizaje» y hacia el acompañamiento y comprensión de los adultos sobre las condiciones afectivas y sociales en las que se encuentra el niño o la niña.

En los procesos de evaluación al inicio de escolarización, sería conveniente ser especialmente cautos y conservadores en nuestras valoraciones acerca del desarrollo de los niños y las niñas pequeñas. En los protocolos, se nos insta a favorecer la detección precoz, pero esta precocidad, a menudo, supone una patologización de las diferencias en el desarrollo infantil. Los inicios de la escolaridad son momentos de especial fragilidad, por ello no deberíamos ceder a presiones acerca de los recursos personales y únicamente los deberíamos establecer cuando desde sanidad se ha emitido un diagnóstico y valoramos que realmente se requieren apoyos en esa aula, y no únicamente porque haya que cambiarle el pañal y el equipo docente no esté dispuesto a hacerlo (Viki Burriel, orientadora).

Por otra parte, hay todo un trabajo fundamental de la escuela para **reparar los daños** que hace, aun sin desearlo, a través de los procesos de etiquetado. Estos daños afectan a la persona y a todo su contexto.

Recuperar la confianza

Lo que pensamos como recursos materiales y humanos, ¿realmente contribuyen a la inclusión? Mi procedimiento, cuando llega un alumno con una etiqueta, es hablar con las familias e intentar quitársela en la medida de lo posible, razonando sobre los perjuicios y prejuicios que ocasiona. Alguno de los alumnos ha suspirado aliviado cuando le he dicho «Tú ya lo has superado todo». Algunas familias han comprobado cómo el alumno, cuando recupera la confianza en sí mismo, progresa favorablemente (María José Robles, orientadora).

Desde el trabajo necesario en el contexto social y familiar, sí que habría de solicitarse como recurso la figura de **la educadora o educador social** para el centro, y hacer que sus funciones realmente incidan en una acción educativa del centro más equitativa e inclusiva. Se trata, por tanto, de transformar el clima de relaciones, la cultura escolar, las políticas de centro y las prácticas que desarrollamos en el aula.

Menos problemas en el aula, menos evaluaciones

Desde el departamento de orientación de mi IES, estamos apostando porque sea el profesorado quien valore positivamente y solicite los apoyos de los especialistas de PT y AL. Haciendo todos los apoyos dentro del aula y centrando ese apoyo indirecto, por un lado, en el acompañamiento al profesorado en la adaptación de materiales para el aprendizaje y para la evaluación y, por otro, en la gestión del aula con dos profesores. En mi experiencia, cuantos menos problemas hay en el aula, menos evaluaciones se solicitan. Y si los alumnos/as trabajan en el aula, las familias también están satisfechas porque hay aprendizaje.

Nos planteamos dos retos. El primero es encontrar materiales que sean comunes para todos los alumnos de una misma aula, aunque los trabajen con distintos ritmos y distintas capacidades (es decir, lo que será diferente será el resultado del trabajo de cada alumno). Y el segundo reto es trabajar en los departamentos cuáles son realmente los saberes mínimos básicos (es decir, dónde está el 5) para poder reforzarlos (M.ª Lourdes del Río, orientadora).

Esperamos que estos recursos para disentir en la escuela te hayan resultado de utilidad. Más allá de estas acciones para ir «capeando el temporal» de la realidad que vivimos, continuaremos ahora con la exposición de la propuesta de trabajo que pretende ofrecer una intervención sosegada, coherente y estable, que podría iniciarse en una pequeña parte del centro.

6. Un modelo de intervención acorde con los derechos humanos

PURGATORIO

Raúl R. López Reyes, orientador

https://minifi.ca/gLfm8

No hay fórmulas mágicas que te hagan pasar de un posicionamiento a otro, de un sistema a otro, en un instante. Es infantil pensar que se puede pasar del infierno al cielo directamente sin, todos lo sabemos, pasar por el «purgatorio»; un tiempo duro donde uno arrastra sus tripas por el suelo, un tiempo de auto-reflexión, del necesario des-aprendizaje para la nueva formación, y de reposicionamiento. Es un girarse, para mirar a los ojos del fantasma, es abrir la mirada al interior. …

No se trata de hacer esto y lo que antes venía haciendo, valoraciones psicopedagógicas, valoraciones, valoraciones… Si es posible la educación inclusiva, y con tu acción conjunta en el aula así lo demuestras, no es necesario clasificar, no es necesario dictaminar otras modalidades segregadas de escolarización, porque las medidas inclusivas adoptadas, sí están dado respuestas adecuadas al alumnado, a todo el alumnado, lo que hace que no tenga sentido segregarle a otro entorno.

En la cultura mayoritaria de nuestra profesión orientadora, el modelo imperante es el que se basa en un asesoramiento «prescriptivo», en una relación asimétrica con el profesorado y las familias, en las que el orientador o la orientadora adopta un rol «experto» que prescribe orientaciones. Frente a este modelo, que en la práctica es el mayoritario, en nuestra profesión, actualmente, se alzan otras propuestas desde perspectivas colaborativas. Por ejemplo, Lago y Onrubia (2022) plantean que para promover un proceso de mejora necesitamos:

una etapa de promoción: Identificar y generar confluencias para promover mejoras… Esta etapa se caracteriza por ir haciendo confluir las potencialidades de mejora de un pequeño grupo de docentes en relación con determinadas necesidades, dificultades, retos… Se inicia con una fase de «identificación de prácticas individuales», a veces no formalizadas, de docentes que están intentando, intuitivamente y a menudo sin conexión entre ellos/as y sin una intención inicial de trabajo conjunto, responder a una necesidad de mejora. En este contexto, algunos docentes o profesionales que trabajan en el centro van haciendo emerger la validez de esas prácticas y su conexión, actuando como promotores de la mejora (Lago y Onrubia, 2022).

Lo que proponemos a continuación es un modelo que lleva detrás horas y horas de discusión entre profesionales, junto a lecturas, encuentros, pasos en falso… y mucho aprendizaje. Todo lo dicho hasta aquí ha sido condensado en este modelo, que solo pretende servir como un reinicio de la actividad de evaluar psicopedagógicamente. Es difícil salir del molde y la socialización profesional que tenemos en nuestras instituciones, y necesitamos del grupo y de un nuevo diseño que nos sirva para dar ese paso que tanta incertidumbre contiene.

El modelo es una propuesta que se sale de lo individual para generar un nuevo marco, que ahora debe revertir los daños que viene haciendo la institución escolar a determinados niños, niñas y jóvenes, así como a sus familias. Estamos hablando de que todo eso que hemos estado haciendo a través de la catalogación, que metía el problema en el cuerpo de un estudiante, era también una política de identidad: para los y las estudiantes etiquetados, que asumen su posición de inferioridad, de inadecuados, de torpes, de malos, de incapaces; para sus compañeros y compañeras, que aprenden a entenderse superiores, normales, correctos; de las familias, que aprenden a vivir con miedo y ansiedad, a comenzar todo un periplo que les obliga a mendigar favores en lugar de disfrutar los derechos del resto, y a los y las profesionales, que asumimos un poder que nadie debería tener. Revertir eso implica cuestionar quién toma las decisiones y cómo las toma, y desarrollar una propuesta que ofrezca sistematicidad a este gran objetivo.

LA BOLA DE CRISTAL

María José G. Corell, orientadora
https://minifi.ca/NZa7U

Hay gente que no lo sabe, pero cuando a los orientadores nos dan la credencial para ocupar nuestro puesto de trabajo, nos dan también una bola de cristal con la que podemos predecir el futuro de algunas personas.

Hace unos días, se compartía en redes un artículo del portal de educación de la Junta de Andalucía del que quiero entresacar este párrafo sobre la escolarización en centros de educación especial:

> para proponer esta modalidad de escolarización será preciso valorar que, debido al escaso desarrollo de las habilidades adaptativas (autonomía personal, habilidades sociales...) del alumno o alumna, no es posible su adaptación e integración social en un centro escolar ordinario, y que por tanto, las medidas educativas previas, propias de las modalidades anteriores, no han dado o no van a dar (en el caso de nueva escolarización) respuesta a sus necesidades y no favorecen su desarrollo.

No se podría proponer sin la bola, ¿o no?

Una madre está sufriendo con mucha angustia ese proceso de valoración al que están sometiendo a su hijo para determinar su futuro. Y, justamente el mismo día que leía el artículo, ella me preguntaba si podía darle información, la información que no le han dado, la información que no se ha atrevido a pedir, para saber qué está pasando, qué puede hacer y cómo responder ante todo ello. No saber qué están haciendo con su hijo, por qué, ni para qué, añade angustia a este proceso ya de por sí estresante.

Cuando me da cierta información, intuyo que están tratando de averiguar si tiene las habilidades suficientes para adaptarse con aprovechamiento a la siguiente etapa educativa. Ahí está la bola en acción. Al tratar de explicarle qué están haciendo y por qué le pasan esas pruebas, me hice consciente de que trataba de explicar lo que es inexplicable:

Conducta adaptativa. ¿Tiene habilidades para desenvolverse en su día a día en las diferentes áreas y contextos? Adaptarse a las distintas situaciones y exigencias del entorno. Determinar si otra persona puede desenvolverse o no en su día a día. ¿Qué significa desenvolverse? ¿En qué? ¿Lo que diga el cuestionario de turno? Nadie debería tener que demostrarlo. Nadie debería pretender ni necesitar averiguarlo, y mucho menos a través de un frío cuestionario estandarizado. ¡Estandarizado! ¡Horroroso! Tú sí, tú no.

Y tú y yo, ¿podemos tomar este «poder» y tener en nuestras manos el futuro de otra persona? ¿Realmente creemos que se puede decidir por otra persona qué es lo mejor para ella? En serio, ¿podemos apelar al «bien superior del alumnado» (palabras textuales), es decir, pasar por alto la opinión del propio alumno y de su familia? Por encima de todo. ¡Por encima de todo!

Son fechas de hacernos propósitos para el nuevo año, el mío ya lo he decidido: tiro la bola de cristal, aunque me la den con la credencial.

Para iniciar todo un plan de trabajo que pretende romper con los destinos prefijados y, por tanto, comenzar a caminar por nuevos senderos, lo primero será presentarlo en cascada como propuesta al equipo de orientación, después al equipo directivo y finalmente al claustro. En esta comunicación contaremos las líneas básicas de trabajo y el posicionamiento claro de la propuesta. Esto es algo que resulta difícil cuando la propuesta se aleja de la cultura escolar más extendida. Por ello es tan importante lo que ofrece esta guía, así como el apoyo del resto de orientadores y orientadoras que inician su andadura en este camino: no andamos sobre la nada, sino sobre un robusto sustento científico, una red jurídica que sustenta las prácticas que pretendemos desarrollar y una propuesta práctica que viene a plantearse a continuación. Por tanto, presentar esta forma de entender la orientación y la evaluación psicopedagógica es ahora mucho más sencilla: lleva contigo esta guía, y considera que junto a ti está el resto del Colectivo Alter-Evaluación y toda la comunidad de Quererla es Crearla.

El modelo que proponemos se basa en la **investigación acción participativa (IAP)**, una forma de abordar los problemas sociales con la intención de comprenderlos y transformarlos, con el protagonismo de las personas involucradas.

> La investigación-acción (IA) no es un «método» más de las ciencias sociales, sino una manera fundamentalmente distinta de realizar en conjunto investigación y acción para el cambio social. En la IA, la participación no tiene sólo un valor moral, sino que es esencial para el éxito del proceso, pues la complejidad de los problemas abordados requiere del conocimiento y la experiencia de un espectro amplio de actores. … La IA no es ni un método ni una técnica: es una estrategia de vida que incluye la creación de espacios para el aprendizaje colaborativo y el diseño, ejecución y evaluación de acciones liberadoras (Greenwood, 2016, p. 97).

La investigación-acción tiene una larga trayectoria, ampliamente contrastada, creada por Kurt Lewin (1946). Aunque existen diferentes corrientes de trabajo en ella, todas enfatizan un compromiso de la investigación para informar y mejorar las prácticas y la combinación de conocimiento y acción para lograr un cambio social (Kemmis, 2010). En general, se trata de una forma de investigación colectiva que sigue un modelo en espiral (Kemmis y McTaggart, 2000): se identifica un problema, se realiza una recogida sistemática de datos, se reflexionan y analizan los datos recogidos, se diseñan y desarrollan acciones basadas en los datos y se vuelve a revisar el problema original. Estos pasos, que conforman un ciclo, se van repitiendo en el proceso de mejora, ajustando su foco a la situación del momento.

La propuesta que hacemos aporta una característica más, que es fundamental para contrarrestar la tendencia de la tradición escolar por convertir un problema social en individual: **la participación**. Entender que lo que le sucede a un niño o una niña hunde sus raíces en toda la comunidad y, por tanto, que la solución a su situación nos incumbe a todos y todas. De ahí que sea de vital importancia involucrar a la comunidad en tratar de averiguar lo que pasa, en lugar de lo que le pasa: nos ponemos a investigar juntos para volver a pensar lo que había quedado impensado hasta ese momento. Por otra parte, esa investigación tiene una pretensión claramente práctica, mejorar las situaciones que nos parecen problemáticas. Y si, como dice la investigación internacional desde hace décadas, la inclusión escolar tiene que ver con la transformación de las políticas, culturas y prácticas de nuestras escuelas, tiene sentido que sea toda la comunidad que la integra la que revise y transforme lo que ocurre a través de la participación. Sin embargo, para que se produzca una verdadera participación, hay que favorecer algunas condiciones necesarias: «En la "participación auténtica" se trata de reducir la distancia entre superior y subalterno, entre opresor y oprimido, explotador y explotado. Además, se combinan o dialogan diferentes tipos de conocimientos, por ejemplo, la erudición académica y la sabiduría popular» (Fals Borda, 2009, p. 13)

Es decir, con la investigación acción participativa se trata de trascender la lógica de que hay quienes saben y quienes no saben. En el contexto en el que vamos a trabajar, todos los actores tienen saberes de los que los otros carecen. En palabras de Freire (1984, p. 160): «**Nadie ignora todo. Nadie sabe todo. Todos nosotros sabemos alguna cosa. Todos ignoramos alguna cosa**». En gran medida, los profesionales hemos creído que teníamos una razón superior al resto de la población. Incluso llegamos a decir la realidad que tiene que aceptar un padre o una madre sobre su hija o hijo. Llegamos a conclusiones dramáticas para la vida de alguien con tan solo un contacto superficial mediado por una prueba pretendidamente objetiva.

Los profesionales nos convertimos en frenos a la inclusión en la medida en que cosificamos y convertimos a una persona, por ejemplo, en un síndrome. Porque si hablamos del síndrome, en realidad de quien no hablamos es de esa persona. Estamos hablando de algo que no es una niña o un niño. Pero como profesionales, por ejemplo, solemos decir que si una madre no acepta que su hijo tiene síndrome de Down está negando la realidad. Y como profesionales tenemos el poder de decirle que lo que ve no es la realidad, sino que la realidad es lo que nosotros vemos: eso que sé sobre el síndrome de Down, que no es ese niño o niña. Que es justo lo que no es ese niño o niña.

Por eso es tan importante la participación en la metodología de nuestra propuesta, porque permite cuestionar formas de violencia estructural que condicionan nuestras relaciones educativas y la forma de entender nuestra profesión. Y decimos violencia porque logramos imponer nuestro criterio, a pesar del valor de las construcciones que tenemos delante. Los profesionales todavía solemos pensar en términos médicos, mientras muchas madres piensan en términos sociales; no es lo mismo pensar en la trisomía 21, por ejemplo, que pensar en la discriminación que se sufrirá (¡también en la escuela!) al meter a su hijo en el saco de la trisomía. La madre está viendo la exclusión que va a vivir su hijo. Y piensa así mientras resisten la cosificación aplastante que solemos hacer los profesionales, que niega la legitimidad de sus construcciones, hechas desde el conocimiento amoroso de su hijo o hija. Está claro que en esa violencia perdemos un gran potencial para comprender y responder a la realidad: podríamos educar mucho mejor si nos asentásemos en esos planteamientos, *a priori*, «dislocados». Esta forma de investigar es lo que hace de la IAP algo mucho más allá de la metodología: «La IAP se podía considerar no solo como una metodología de investigación para ser tenida en cuenta por las instituciones, sino también como una filosofía de vida cuyos practicantes sentipensantes estarían listos a luchar por cambios» (Fals Borda, 2007, p. 15).

La potencia transformadora de este proceso reside en que la comunidad educativa del aula —o del centro, aunque en estas páginas nos centraremos en el ecosistema aula— investigue y tenga un papel activo en el conocimiento de la situación, así como en el diseño y desarrollo de las mejoras. En este sentido, las familias pasan a formar parte del análisis de la realidad, al igual que el alumnado y el profesorado. La preocupación y motivación central de la IAP es muy consistente con el sentido social que hemos ido forjando a lo largo de estas páginas: «la creación de situaciones humanas más democráticas, justas y/o sostenibles» (Greenwood, 2016, p. 99). Las escuelas tienen la capacidad, así, de construir mayores niveles de justicia social en sus prácticas gracias a la valoración de saberes tradicionalmente desconsiderados en ellas y a la producción de conocimiento en colaboración y orientado a la acción. En este sentido, la investigación se convierte en un medio para sacar a las personas del silencio (Gaventa, 1993), como los y las estudiantes que han sido históricamente discriminados en las escuelas. Se trata de algo que ha sido ampliamente investigado en las últimas décadas, y que se posiciona como una de las acciones fundamentales para promover la educación inclusiva. Para ver una revisión de la literatura de investigación acerca de este tema en los últimos 20 años, es recomendable el informe *Voices into Action* (European Agency for Special Needs and Inclusive Education, 2022).

Pero en este deseo de romper el silencio también están incluidas las personas que trabajan la orientación. Porque la burocratización, protocolización de la labor y, en general, la proletarización de la profesión relega sus ideas y emociones a la oscuridad y el silencio.

La transformación de todo esto ocurre gracias a un proceso de diálogo sistemático y de producción colectiva. En él, los diferentes sectores y agentes de la comunidad entran en interacción para construir juntos nuevos análisis superadores de las dicotomías excluyentes que entorpecen la vida en comunidad, y llevan a cabo las acciones necesarias para ir recreando las culturas, políticas y prácticas del aula y de la

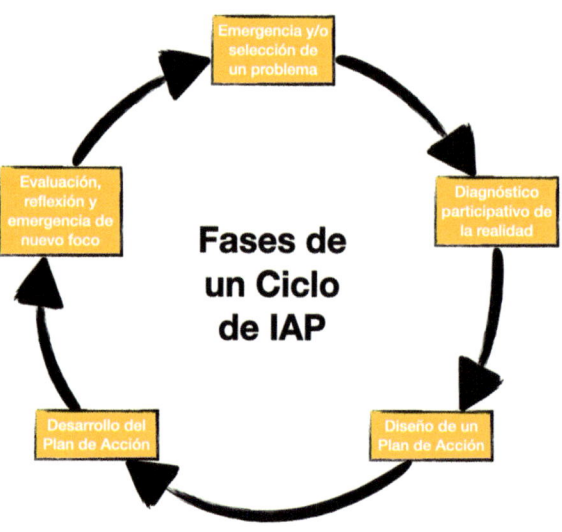

Figura 6. Fases de un ciclo de investigación acción participativa

escuela. Esto implica ir pasando por una serie de pasos (figura 6) que incluyen la selección de un problema, el diagnóstico participativo del mismo, el diseño de un plan de acción para afrontarlo, la puesta en práctica del plan y la evaluación del mismo, para saber el alcance de las medidas empleadas. Esta evaluación inicia el siguiente ciclo, ya que siempre hay cosas que mejorar en una institución social compleja como una escuela.

A medida que se va avanzando en el proceso, que puede iniciarse simplemente en un aula, la capacidad colectiva de análisis y de diálogo va creciendo, así como el aprendizaje que construir, gracias a las diferencias, en lugar de hacerlo a pesar de ellas. Y también crecen las posibilidades de acción colectiva: lo que una persona sola no podría hacer, puede convertirse en un reto posible para el grupo de personas que se involucra en el proceso. Y esto no ocurre por un simple sumatorio de fuerzas. En palabras de Aristóteles, **«el todo es más que la suma de sus partes»**.

En las próximas páginas describiremos las diferentes fases por las que pasa el modelo que proponemos. Estas fases han de entenderse como herramientas para la investigación y la acción, por lo que es importante valorarlas de forma flexible. El proceso lo hemos construido de acuerdo con una metodología (la investigación acción participativa), pero tiene que ser experimentada, contrastada y mejorada en tu propio contexto de desempeño. Es decir, no la sientas como un corsé, sino como una guía iniciática con la que comenzar a construir nuevas formas de hacer evaluación psicopedagógica que requieren siempre del matiz, el cuestionamiento y la corrección para que sea tu herramienta. Sabemos que, en los procesos de cambio educativo, el contexto importa (Ainscow, 2020). Y nos encantaría que compartieses con AlterEvaluación tus avances, críticas y mejoras.

Por último, recomendamos iniciar un proceso de IAP en un aula en la que haya algunos docentes con inquietud por mejorar. No es necesario que compartamos con ellos todos los planteamientos en torno a la educación inclusiva, pero sí que tengamos con ellos algunos puntos en común relativos a aspectos de transformación e inclusión. No todo el claustro va a estar de acuerdo en iniciar un proceso tan democrático y transformador como es la realización de una IAP. Estos procesos van poco a poco, y lo más probable es que sean inicialmente en minoría y a contracorriente, por la propia naturaleza de lo que estamos haciendo, que va a cuestionar lo establecido. Pero estas metodologías, que inicialmente solo atañen a un pequeño grupo, pueden ser el inicio de transformaciones en la institución a través de procesos de abajo arriba.

6.1. Fase de demanda: una forma inicial de ver los problemas y las soluciones

El primer requisito para iniciar la evaluación psicopedagógica en nuestra escuela es que podamos reconocer una situación problemática que debe ser resuelta. Esta puede presentarse en forma de demanda o reclamo por parte de alguna de las personas que integran la comunidad educativa (profesorado, alumnado, familias, personal no docente, etc.), o puede que nazca a partir de la observación y la detección por parte del equipo de orientación. A menudo esta demanda suele estar vinculada a un niño o una niña en concreto.

Con frecuencia, cuando un alumno o alumna no responde como el maestro o la maestra espera y desea que responda ante su propuesta didáctico-organizativa, se recurre a la orientación, al citado mandato de «mírame a este niño». A veces, la demanda puede estar argumentada en la falta de formación o preparación. Otras veces, se denuncia la insuficiencia de recursos. Incluso hay quien asume que ese alumnado, aquel que es susceptible de ser diagnosticado en la escuela, no es responsabilidad suya. Se inicia así un proceso que, como hemos mencionado, probablemente traiga dolor y sufrimiento al alumnado y su familia.

Si el docente cree que el niño o la niña no se adapta a sus clases, con los ritmos y los resultados que estime oportunos, suele pensarse que el proceso diagnóstico que se realiza desde la orientación escolar facilitará su adaptación a ese u otro contexto presuntamente más beneficioso para él o ella. La presencia del niño o la niña cuestiona el modelo, y, para que se mantenga la homeostasis de un sistema fallido e injusto, se debe apartar al elemento «disruptivo». Es ahí donde el aparato técnico y cientificista de la orientación, fundamentalmente a través de la psicometría, sitúa el problema en el niño o la niña. De esta manera, el pretendido carácter científico de la psicometría presenta la situación como una deficiencia del alumnado, como una realidad medible e incuestionable que desplaza cualquier otra posibilidad; y el dictamen se convierte en «una sentencia de muerte social y educativa» (Moreno Parra, 2023).

Es usual que los y las profesionales de la orientación sean reclamados para evaluar las «capacidades» de un niño o una niña que el equipo docente ha detectado como con posibles «Necesidades Educativas Especiales». Frecuentemente, esta situación responde al «desajuste» o a la «desviación» en relación con la «normalidad».

Debemos cuestionar el propio concepto de normalidad, pues, además de ser en sí mismo excluyente, forma parte del sustento de los modelos médicos-deficitarios de la profesión. Como ya hemos visto a lo largo de este documento, si queremos construir una escuela inclusiva, debemos huir de organizadores sociales y mentales como la normalidad o las intervenciones terapéuticas. Los grupos sociales no tienen por qué ser organizados a través de la normalidad, aunque esto sea una práctica tremendamente asumida en nuestro sistema escolar. Mucho menos cuando la escuela se sirve de ella para jerarquizar a la infancia, para situar a los niños, niñas y jóvenes en un *ranking* que inevitablemente viciará las relaciones entre ellos y ellas y que se convertirán en presentes y futuros cada vez más alejados de la solidaridad y la cooperación.

Por su parte, las intervenciones terapéuticas tienen en su centro la idea de que hay algo mal en el niño o la niña, basándose para ello, nuevamente, en la normalidad. Alguien podría decir que cualquier relación educativa tiene algo de terapéutica: mejoramos con ellas, aprendemos lo que no sabíamos, sostenemos nuestro autoconcepto con el cuidado y el afecto de quien nos educa, sanamos ciertos sentimientos dañinos y limitantes… Eso es cierto. Sin embargo, **¿por qué solo llamamos terapéuticas a las intervenciones con ciertos niños y niñas? ¿Por qué hay maestros/as y maestros/as en pedagogía terapéutica? ¿Qué sentido tiene que levantemos esa frontera entre nuestro alumnado?** El sentido de estas fronteras —que destilan una clara dicotomía entre normal y anormal, sano y enfermo, adaptativo y disruptivo, funcional y disfuncional, entre otras— suele estar presente en la mayoría de las demandas que llegan a los equipos de orientación. Por tanto, detectarlas, señalarlas y profundizar en ellas es la primera tarea que tenemos por delante, porque puede revelar algunas de las inconsistencias de la institución, así como servir de germen para el inicio de nuevas argumentaciones, lógicas y propuestas para reconstruir esa cultura de la normalidad y el déficit.

Esto supone entender que lo educativo está situado siempre en la dimensión social, y que no puede darse si no es con las otras personas. En contraste, lo clínico suele centrarse en el individuo como «objeto» y «causa» de la intervención, responsabilizando al sujeto de un fenómeno que tiene su origen en lo social. En este primer paso, la tarea es, pues, reconsiderar el problema inicial —tal como ha sido formulado por un docente, una familia, el equipo directivo, etc.— para verlo en su dimensión social junto a la gente que lo experimenta.

ESO DE LA INCLUSIÓN, SI TIENE QUE LLEGAR, LLEGARÁ

Por María José G. Corell, orientadora

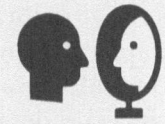

https://minifi.ca/seZ6a

«Eso de la inclusión, si tiene que llegar ¡ya llegará!», me respondió una persona, miembro del equipo directivo, en una reunión de Comisión de Coordinación Pedagógica. Seguimos enviando alumnado a centros específicos, a aulas específicas (que ahora, en el colmo de la ironía, en la Comunidad Valenciana son consideradas como escolarización ordinaria), a programas para alumnado con necesidades «especiales» o alumnado que va cambiando de colegio porque en el que estaban no los quieren...

«Este niño, el año que viene aquí no lo quiero». Este fue el recibimiento que me hizo el equipo directivo en un colegio al llegar en septiembre.

O, recientemente, otro colegio que quería celebrar una fiesta porque un alumno se iba (no, no se va, lo habéis echado, lo habéis maltratado; solo necesitaba amor y respeto, pero, lamentablemente hay personas «profesionales de la educación» que no saben lo que es eso). Se puede cuidar el lenguaje, como comentábamos en una conversación, tras la respuesta a la orientadora que, en el cambio de etapa a secundaria, me preguntaba sobre una alumna:

–Fulanita, ¿qué problema es?

–Fulanita no es un problema, Fulanita es una niña.

El lenguaje representa lo que pensamos.

No podemos ofender(nos) de este modo.

Seguimos maltratando de muy diversas formas. Alguna que ni siquiera imaginaba que pudiera existir.

No se trata de tolerancia, se trata de derechos.

Se trata de **respeto**.

Se trata de querer. Querer de voluntad y, sí, de amor.

Seguimos haciendo camino porque «Quererla es Crearla».

Es decir, podemos interpretar una situación problemática señalando las dificultades que tiene el alumnado para seguir unos ritmos, aprender unos contenidos o adaptarse a una organización o una metodología determinadas, argumentando su incapacidad, deficiencia o desadaptación. Bajo este análisis, hay una sentencia simple pero demoledora: el alumnado señalado es incorrecto, y con la acción que se espera pasará a ser paulatinamente menos parte de esa clase. Con tiempos fuera del aula, con atención de otros profesionales, con otros compañeros y compañeras, incluso en otras escuelas.

Pero también es posible que interpretemos la misma situación desde otras coordenadas, en las que se entiende que los alumnos y las alumnas, todos y cada uno de ellos y ellas, son quienes son y no quienes deseamos que sean. Que el alumnado no tiene que ser medido y comparado con otros. Que su legitimidad en la clase no depende de sus características, sino del criterio que utilizamos para legitimar a las personas en un contexto educativo. Por ejemplo, cada vez que pensamos en la idea de «buen alumno» estamos sosteniendo un sistema escolar que legitima a ciertas personas —de ciertas clases sociales, con familias que las sostienen, con unas características personales concretas, de origen autóctono, etc.— y deslegitima a otras. Esto es algo que la escuela, y particularmente en etapas pre y obligatorias, no puede permitir. Es la escuela, como comunidad (de aprendizaje) la que debe dar respuesta a las distintas peculiaridades, deseos, necesidades e inquietudes que se encuentran en ella. Así, la escuela y el aula se convierten en espacios de encuentro, en los que se reconstruyen continuamente la cultura y las relaciones para dar categoría de legítimo a todo el alumnado, sin renegar de sus diferencias.

EL RESCATE DE FERRÁN

Viki Burriel, orientadora

Era octubre y la maestra de tres años ya me había dicho dos veces que tenía un niño que le preocupaba mucho. Yo le dije lo de siempre, que estamos en período de adaptación, cada niño tiene sus tiempos, espérate y ayúdale a que esté a gusto, ten paciencia. Cuando las maestras de infantil empiezan así, me viene a la cabeza lo que me dijo otra maestra, la directora de un colegio, una mujer sabia a punto de jubilarse: «cuando yo estaba en infantil, el primer trimestre de 3 años los veíamos a todos autistas… a final de curso ya les empezábamos a comprender». Me gusta esta reflexión, porque viene de otra maestra y no de un técnico teórico; a veces se lo explico a las maestras de infantil y creo que también les sirve.

Pero la maestra de Ferrán estaba muy convencida y vino al despacho a explicármelo. El niño se quedaba sentado absorto, en ocasiones hacía aleteos y un gesto tipo «tic», no hablaba, a veces decía alguna cosa ininteligible, se había hecho pipi dos veces, no miraba a los ojos, no participaba de las dinámicas del aula, cogía un cochecito y pegaba a los otros si intentaban quitárselo, no parecía disfrutar de las actividades que se proponían, hacía «cosas raras»…

En nuestro sistema educativo hay una gran presión hacia la homogeneidad, así que cuando un niño no cumple con los indicadores «correctos» y no hace lo que se supone que debe hacer, se le «estudia», y de ahí a la patologización hay muy poco. Por eso es importante resistir esta tendencia hacia la categorización del alumnado, trabajar para que la mirada hacia el alumnado sea educativa, amorosa y no fiscalizadora, desde la *battelle* y desde la extrañeza de «hace cosas raras».

Ante estas dificultades que describía la maestra quedé en ir a su clase, pasaría allí algún tiempo y le intentaría ayudar. Fui dos veces a la clase y estuve observando las dinámicas que se les proponían a los niños y niñas, la asamblea era tranquila y bastante afectiva. Además, las maestras de infantil de colegio llevaban un tiempo trabajando por ambientes, se habían formado, era una maravilla ver la cantidad de recursos que tenían, el cuidado que ponían en preparar las actividades y, sobre todo, la forma respetuosa de tratar a sus niños y niñas. Era un gustazo estar en esa aula preciosa con esas maestras tan amorosas. Me di cuenta de que quizás tanto la tutora como la maestra de apoyo estaban muy ocupadas en la adquisición de las rutinas y en la realización de las actividades, hablaban con los niños con afecto y tranquilidad, pero quizás no había un adulto disponible para jugar, a ratos, con los niños que se encontraban más inhibidos y así ayudarles a salir del ostracismo. Lo comenté con la tutora y me dijo que seguramente tenía razón, quedamos en que haría yo un par de sesiones de juego, ella estaría en el aula haciendo sus funciones, pero observaría a ver qué veía. La tutora también quería que hablara con la madre, porque ella ya le había comentado que estaba preocupada, y al parecer la madre se había puesto a llorar porque también estaba preocupada por su hijo. Quedamos en citar a los padres para la semana siguiente.

Esa semana entré a jugar al aula, primero estuve en la asamblea y después en los momentos de ambientes, estuve primero jugando con otros niños y después intenté jugar con Ferrán. El primer día me rechazó: cuando yo intentaba una aproximación, se iba a otro lugar. El segundo día comenzamos a interactuar, yo intentaba repetir los sonidos que él hacía y los golpes que daba a la mesa, le decía alguna cosa y sonreía, todo muy sencillo, recordando las pautas de la metodología *floor time* (se trataba de «seguir al líder» que era Ferrán) y parecía que funcionaba; ya empezábamos a comunicarnos. El tercer día me di cuenta de que tocaba un libro, era de Bob Esponja, lo cogí y empezamos a jugar. Ese día Ferrán estaba más conectado, más expresivo, activo, la tutora estaba observando y estábamos sorprendidas las dos, parecía que habíamos encontrado la manera de sacarle del «caparazón». Además, ese día creí entender entre sus vocalizaciones alguna aproximación a «esponja».

Hice la reunión con los padres de Ferrán. Fue larga, no quería una entrevista semiestructurada de esas con muchas preguntas sobre el desarrollo del niño en la que los padres se angustian sobre si será correcto «el mes justo» en que dio los primeros pasos su hijo. Esas entrevistas «metralleta» dejan a la familia vacía, son muy clínicas y, además, no permiten que las personas expresen sus ideas y preocupaciones. Fue una entrevista tranquila en la que, junto a sus preocupaciones, también pudieron hablarme de las cosas bonitas de su hijo, de lo que sí sabía hacer y de lo que le gustaba hacer. Les angustiaba mucho no saber si las dificultades que estaba mostrando podrían venir como consecuencia de un episodio que sufrió cuando tenía dos semanas de vida, se quedó sin respiración y lo tuvieron que ingresar, me preguntaban si yo sabía algo sobre esto… Estas entrevistas son difíciles para una orientadora porque se trata de ayudar a sostener esa incertidumbre y ese miedo, no negarlo, escucharlo, y a la vez mantener la mirada esperanzada, positiva y vital, que también traen los padres y que es imprescindible para garantizar el bienestar y el crecimiento de cualquier niño. En la entrevista también apareció una cosa, al parecer el niño hacía muchas horas de pantallas, utilizaba la pantalla para calmarse y en alguna ocasión había pegado al padre cuando se la quitaba, le encantaba Bob Esponja y la madre también creía que el niño decía algo parecido a «esponja». Los padres trabajaban mucho, aunque la madre tenía más flexibilidad, se quedaba a cargo de los abuelos y le dejaban «barra libre» de *tablet* y televisión. La madre me dijo que había ido a la pediatra al día siguiente de hablar con la tutora y que esta la había derivado a neuropediatría. Les expliqué lo que había pasado en el aula, que el niño parecía que necesitaba adultos que jugaran con él algún ratito para salir de su «caparazón». También les expliqué que el exceso de pantallas podía estar interfiriendo en su relación con los demás, que posiblemente el niño necesitara más tiempo para comunicarse y menos de pantalla, que los expertos recomiendan que en la primera infancia no debe exponerse a los niños a las pantallas, y a partir de los dos años limitarlo a 30 minutos al día de contenidos de calidad y acompañados de un adulto. Cuando oyeron los 30 minutos reaccionaron preocupados: ¡su hijo pasaba casi todo el día ante pantallas! Quedamos en que limitarían la pantalla a media hora y jugarían más con él, (pero no juegos educativos, ¿eh? Juegos para disfrutar). Les pasé unas fotocopias sobre el *floor time*.

En las siguientes sesiones dentro de clase, yo ayudaba a la maestra de apoyo en la atención a las actividades de los niños y la tutora jugaba con Ferrán y con otros niños. Cuando pasaron 15 días desde la reunión con la familia, vino la madre a mi despacho a pedirme un informe para la pediatra, pero en realidad ella quería decirme que aquello parecía un milagro, que el niño se comunicaba mucho más con ellos y la abuela paterna estaba emocionada: ya la abrazaba, ya le mostraba afecto… Lloró también porque me dijo que no sabía que las pantallas le estuvieran haciendo tanto daño a su hijo, se sentía culpable, pero estaba muy contenta.

Ferrán fue a neuropediatría con un informe mío en el que le hablaba de sus fortalezas y su evolución, parece que le hicieron seguimiento durante algún tiempo. Yo no estuve el siguiente curso en el colegio, pero le pregunté a la tutora y me dijo que el niño iba muy bien. Cuando él ya estaba finalizando infantil 5 años, fui al colegio a visitar a mis compañeras y hablé un ratito con Ferrán. No se acordaba de mí, lógicamente, pero era un niño espabilado y según me decían, «un líder» en su aula.

Cuando recuerdo este caso me da vértigo, porque fue tipo «milagro». Pero no, no hicimos nada extraordinario, solo intentar entender la situación y huir de la mirada categorizadora. La verdad es que me pregunto qué hubiera pasado si hubiera derivado a Ferrán con «sospecha de TEA» a neuropediatría… No sé, quizás hubiera terminado teniendo «algo», quizás la mirada de extrañeza o las expectativas hubieran dañado su subjetividad, quizás no hubiéramos sabido la cantidad de horas de pantalla que hacía y sus padres no le habrían podido rescatar.

Ahora hago todos los años charlas sobre el uso saludable de las pantallas. La mayoría de las familias siguen sin saber las recomendaciones de los pediatras y los peligros que entraña dejar a los niños abandonados ante la *tablet*. En los dos años de pandemia la situación ha empeorado, hay más tiempo de uso y parece que los niños salen menos a jugar, creo que en las escuelas nos tenemos que plantear cómo ayudar a nuestros niños en esto.

Como hemos dicho, probablemente nos pidan «que miremos a un niño o niña». Es una realidad común que responde a modelos insertos en la cultura del déficit. ¿Qué enfoque, cultura y prácticas hay detrás de esta demanda? ¿Qué nos están pidiendo en realidad? ¿Qué se espera que hagamos? Cuando evalúo desde la psicometría e intervengo con una intención terapéutica, ¿estoy realizando una labor educativa? ¿Tiene sentido que yo, como profesional de la orientación educativa, realice una labor clínica o, en el mejor de los casos, emplee sus instrumentos? ¿Entiendo la diversidad como un valor, sea la que sea?

OCULTAR MOSTRANDO

Por Raúl R. López Reyes, orientador

https://minifi.ca/8ArS-

Cuando un o una docente le pide a un orientador/a educativo «mírame este niño» (y te lo muestra con todo su cariño, cuidado y pre-ocupación), mírame esta niña (y te la muestra) y ahora mírame este otro y otro y otro… Es un señalar hacia fuera, un mostrar para que «cambien» ese niño o niña, ese él, ella, esos ellos y ellas… Mostrando al otro, al alumnado, queda ocultado el «yo», porque en realidad no es un «mírame», sino un «mírale».

Llevado al extremo, hay. Inicialmente. solo una apariencia de voluntad de acción, de cambio, sería un mírale, para que lo miren y vean «otros» (especialistas), para que esté durante el máximo tiempo posible en un lugar diferente a mi aula (segregación), porque tras la creencia del «yo no sé qué hacer», está el «yo no puedo verle», pues verle hace cual espejo, que vea mis supuestas faltas de capacidades para con él o ella, mi supuesta propia discapacidad (!). Mi miedo, el miedo, dice Nick Vuyicic, es la máxima discapacidad. En lo más íntimo, no es mírame, es mírale para que no me veas lo que yo aún no acepto que se me vea, lo que yo aún no acepto verme.

Lo habitual en la orientación basada en el modelo médico tradicional (porque también existen otros modelos médicos y visiones de «la enfermedad»), es hacer creer que el sujeto del diagnóstico y tratamiento es el alumnado diferente y su diferente comunidad a la que pertenece: gitanos, extranjeros, zonas marginales… Porque son ellos a quienes se les atribuye la necesidad, el problema, el déficit, porque son ellos quienes fallan, quienes no prestan atención y quienes no se adaptan al sistema; parece obvio.

... Ante la apariencia de lo supuestamente más fácil, lo malo del «mírale», es que ninguna respuesta obtenida «me» servirá en realidad; lo bueno del «mírame» (ante esa realidad que tengo enfrente y con la que ya no me enfrento, sino que ahora sí que me abro a contactar), es que me permite encontrar la respuesta, rencontrar el saber, que tampoco está fuera (en el orientador/a), sino dentro de mí, no hay sombra sin luz. La solución ya no es, entonces, el etiquetaje para el posterior encajonamiento. La ayuda tampoco está en una supuesta buena receta, metodología, ni «actuación educativa de éxito», sino en mí mismo, en mí misma, no ya por lo que sepa o no, sino por lo que siento, que el otro es y soy.

En la conciencia de lo que hay, y de lo que yo mismo/a, estoy, inevitablemente, reproduciendo o cambiando, es cuando se producen los necesarios procesos de creación personales y luego colectivos (¿o es a la inversa?), que dan lugar a las transformaciones necesarias...

El sistema es uno, todo está unido, no hay partes separadas, por lo que todo ocurre igual y al mismo tiempo en el propio orientador/a y en su acción.

Partimos de la necesidad de repensar el modelo de orientación y, especialmente, la evaluación psicopedagógica tal y como se viene haciendo. Podemos abordar la realidad escolar desde «los problemas individualizados que presenta el alumnado», desde un enfoque individual-terapéutico en el que se pretende «normalizar» al niño o la niña que muestra «desajuste» o «desviación», o podemos entender que tenemos ante nosotros y nosotras situaciones problemáticas complejas producidas en un contexto (¡qué importa!) y que forman parte de un sistema que puede ser repensado y transformado. Es este último planteamiento el que nos impulsa a proponer un modelo alternativo que pretende ser más inclusivo y respetuoso con las personas.

AlterEvaluación es un grupo colaborativo de profesionales de varios ámbitos, en el que estamos intentando dar respuesta a algo que algunos vimos que faltaba. Después de tener ese sentimiento de que quiero conseguir que mi centro funcione de una manera inclusiva, encuentro un obstáculo muy fuerte que es la evaluación psicopedagógica como se venía haciendo. En este grupo estamos elaborando una propuesta que da respuesta a esto (David González Gándara, orientador).

UNA FORMA «EXTRAÑA» DE ACTUAR

Por Viki Burriel, orientadora

La maestra Lydia vino a hablar conmigo. Yo había empezado ese curso en el colegio y ella esperó, pero a mitad de octubre ya estaba bastante agobiada y me pidió una cita.

Lleva 2.º de primaria, me dice que yo ya sé que ella tiene seis alumnos con informe psicopedagógico que tienen PT y AL, pero que realmente su clase es muy complicada, no por este alumnado, sino por muchos más. Empieza hablándome de Noel, todos los días tiene conflictos con sus compañeros y con ella, se enfada o se bloquea ante cualquier cosa, siempre quiere ser el primero, no comprende el entorno social, es inflexible... Académicamente va bien, pero cree que tiene una forma «extraña» de actuar, y al parecer la madre de Noel también está preocupada. Escucho su preocupación por este niño y le muestro mi disposición a ayudarle, pero necesito que me cuente qué más cosas le preocupan de su clase. Me habla de otro niño que no está en «el listado de PT», pero que empezó la escolaridad el año pasado, es gitano y muy movido, pero tiene buena relación con ella y cuando se lo pide se esfuerza. También me nombra a otro niño que a menudo no quiere trabajar y se muestra desafiante, aunque aprueba y aprende, pero le «desmonta la clase». Además, otro niño saca muy buenas notas, pero tiene una personalidad muy fuerte y también se enfada mucho.

Le vuelvo a preguntar qué más le preocupa de su clase, y ella me explica que son muy movidos, que es una clase en la que le cuesta mucho que la escuchen, hay muchos conflictos entre ellos, poco ambiente de trabajo, muchos niveles curriculares distintos y ella no llega a atender a todos, se siente frustrada.

Ahora ya hablamos de cosas que hace ella, hace dinámicas para cuidar emocionalmente a su alumnado, a veces trabajan en grupo, tiene mucho material manipulativo, mucha guía visual que utiliza para todos y todas, ha seguido utilizando las mayúsculas con un niño que no logró iniciar la lectoescritura en primero, diseña proyectos en una asignatura... Hablamos de las normas de su clase, cree que no le están sirviendo las que estableció. Hablamos de las dificultades que tienen para relacionarse y para trabajar juntos, para ayudarse, aunque ella sí intenta que trabajen en equipo.

En la segunda cita que tenemos vuelve a hablar de Noel. Me cuenta nuevas dificultades sociales y de comportamiento que va encontrando, me dice que le ha visto un neuropediatra y que este sospecha que el niño tiene autismo, que le van a hacer un estudio. Yo no entro a valorar esto con la maestra, pero creo que un diagnóstico así puede ser devastador para el autoconcepto de un niño y para la relación de estos padres con él. Le digo que si quiere puedo hablar con la madre. Mi intención es ayudar a la madre a pensar las dificultades que están teniendo para buscar salidas distintas a la etiqueta.

Hablamos de nuevo de su clase, de la necesidad que tiene de ceder parte del control que intenta ejercer y que tantas energías le consume. Está abierta al cambio, hablamos de que necesitaría que le ayudaran los niños y niñas a mejorar el clima de relaciones y de trabajo en el aula. Para ello podría trabajar las normas de forma democrática, que los niños y niñas las asumieran como propias, que participaran en establecerlas. También hablamos de la posibilidad de intentar utilizar estrategias del aprendizaje cooperativo. Ella ya conoce y utiliza alguna técnica, y puede ser algo que le sirva para mejorar el clima de trabajo, para que aprendan a autorregularse y para que se ayuden más... Sé que hay un recorrido por delante, pero creo que Lydia se va con otro planteamiento, creo que va a intentar modificar algunas cosas, pero ella sola lo va a tener difícil. Pienso en la maestra de Educación Física y en la de Música. Ellas entran en esa aula y creo que podrían ser personas con las que compartir estas reflexiones. Me parece que a este grupo de maestras podría proponerles emprender un proceso de investigación acción participativa para esta aula.

Por tanto, el primer paso que proponemos tiene a su vez dos derivadas:

1. Por una parte, **el orientador u orientadora tiene que revisar su propia forma de pensar la realidad escolar**, lo que supone atreverse a cuestionar lo que ha estado siendo su propia práctica. ¡Es un ejercicio de valentía y humildad! Como partes que somos del sistema escolar, hemos estado contribuyendo a sus bondades, pero también a sus miserias. Reconocer esto y revisar cómo lo hemos ido haciendo a lo largo del tiempo es parte fundamental del proceso. Se trata de una deconstrucción de nuestro leguaje de práctica, de nuestras formas de pensar, sentir y actuar en las escuelas, de reconocer las diferencias. Supone un compromiso con lecturas desafiantes que nos ayuden a crear nuevos marcos de pensamiento y acción. Para ello, hay una selección genérica de lecturas sobre educación inclusiva construida por algunos de los más solventes investigadores/as de España disponible en https://creemoseducacioninclusiva.com/sabemos/. Para lec-

turas más centradas en la orientación, iremos compartiendo textos que contribuyen a este proceso en https://minifi.ca/BJjfr. A la par, es fundamental comenzar procesos de formación colegiada en los que podamos compartir deseos, dificultades, logros, desafíos y preocupaciones alejados de la orientación que contribuye a la segregación. En los que aprender a construir juntos una nueva orientación escolar. Contacta con AlterEvaluación para conocer procesos formativos en marcha.

2. Por otra parte, comienza el análisis. Se trata de **desarrollar una escucha atenta a la persona que promueve la evaluación** cuando esta nace de una demanda. Y no una escucha impostada, sino sincera. Lo que nos dicen y cómo nos lo dicen es importante: hay deseos, preocupaciones, angustias, limitaciones, presiones, necesidades, anhelos... condensados en esas palabras. Se trata de comenzar a hacer análisis sistemáticos de lo que resulta común, para lo que tenemos que extrañar la mirada: lo común tiene que convertirse en extraño. Algunas preguntas podrían ser ¿por qué pregunta esto? ¿Qué espera de mí? ¿Para qué necesita la evaluación? ¿Dónde se encuentra el conflicto? ¿Cuáles son las emociones que subyacen a la demanda? ¿En qué se diferencia y se asemeja a otras demandas? ¿En qué se complementan? ¿Qué obstaculiza las relaciones educativas en el aula? ¿Cómo pueden las experiencias de otros compañeros y compañeras ayudar a entender mejor lo que ocurre en este caso? ¿Qué puedo aprender yo en este proceso?

Necesitamos aprender cuáles son los idearios que sostienen la demanda, en qué ideas se asienta (sobre la inteligencia, la cultura escolar, los contenidos, los aprendizajes, la participación, etc.), el peso de las creencias, de la tradición y de las presiones externas. También es un buen momento para ir identificando las barreras del contexto que entran en juego y posibles elementos facilitadores que podrían ayudarnos, etc. Estamos aprendiendo a situarnos en las coordenadas de la persona porque las demandas tienen sentido en la cultura y grupo social en el que se producen. Por tanto, comprender lo que nos dice es hacer un análisis también a la cultura escolar en la que se produce esa forma particular de práctica. Estamos ya iniciando una investigación cualitativa, como etnógrafos en el contexto escolar, para lo que necesitamos tomar notas en un cuaderno de investigación. Notas sobre lo que la persona nos dice, a ser posible capturando algunas expresiones textuales que sean particularmente significativas. Es una forma de hacer ver que sus palabras, ideas, emociones y formas de trabajo nos importan y que estamos juntos en la tarea de mejorar. Hacer ver, al final de ese proceso de escucha atenta, que nos interesa lo que comenta y que queremos continuar trabajando con él o ella la situación problemática será la manera adecuada de emplazar otra reunión, sosegada, en la que habremos tenido tiempo para pensar un poco el siguiente paso.

3. Quizás la propuesta inicial no viene de una demanda explícita, sino del **deseo de poner en marcha procesos participativos** que mejoren la cultura, políticas y prácticas del centro. En este caso, podríamos desarrollar parte de nuestra labor de orientación en la facilitación de un proceso  de investigación acción participativa en el que toda la comunidad escolar reflexiona y articula acciones junta. En tal caso, la guía *Cómo hacer Investigación Acción Participativa* puede ser una gran herramienta que tiene en cuenta a la globalidad del centro. Para acciones dirigidas a que sea el propio alumnado el que lidere los análisis y cambios, la guía  *Cómo hacer inclusiva tu escuela* será la más adecuada. Ambas están diseñadas para el trabajo en escuelas, secuenciadas, ejemplificadas y de fácil seguimiento. Seguramente este sea el proceso más ambicioso, pero el más genuino en el giro interpretativo del que hablamos: las situaciones problemáticas no son personales y privadas, sino sociales y públicas. Por eso, involucrar a toda la escuela en el proceso de diagnóstico de lo que nos ocurre es el paso más adecuado para encontrar soluciones que corresponden a la naturaleza real —aunque ocultada— de los problemas educativos. Es un cambio radical de mirada y de acción, trabajar con el centro como unidad. Parece un mundo, pero no lo es. ¡Anímate a dar el paso! Si prefieres dar unos pasos más comedidos por el momento, continuamos en el camino con la siguiente fase.

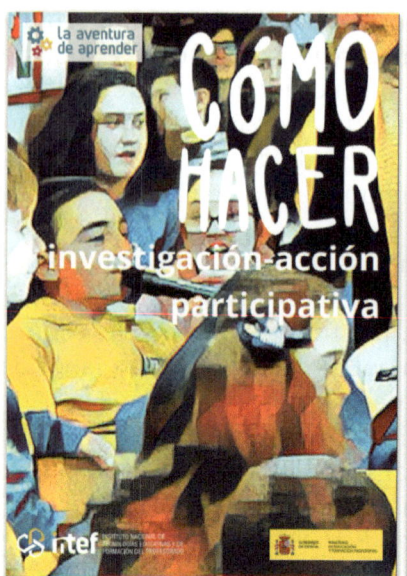
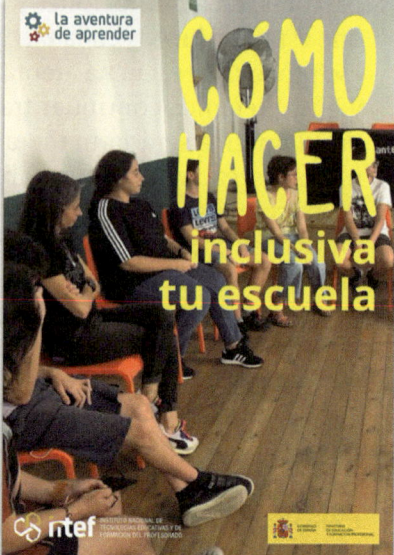

Portadas de las guías «Cómo hacer Investigación Acción Participativa» y «Cómo hacer inclusiva tu escuela».

IAP Y ORIENTACIÓN

Por Viki Burriel, orientadora

Participar como orientadora en un proceso de investigación acción participativa (IAP) en mi centro es algo que me ha abierto una nueva visión de nuestra profesión. Cuando acompañamos a una familia, a un alumno, a una maestra, a un claustro... cuando los acompañamos en situaciones difíciles o en sus intentos de mejora, a menudo notamos que es algo valioso, que nuestro trabajo merece la pena. Pero cuando es toda una comunidad la que se moviliza ante una situación difícil, ahí ves algo más.

En mi centro, ha sido emocionante ver cómo al poner en marcha mecanismos de IAP algunas cosas empezaban a cambiar muy rápido, algunas de las difíciles de cambiar de verdad, como son el aislamiento y la marginación de algunos niños y niñas en el patio. De todas las cosas que pasan en un colegio, la soledad en el patio es una de las que más duele, quizás la que más. Es un objetivo de intervención ineludible para cualquier orientadora con corazón, una batalla tantas veces perdida... Pero cuando los niños se pusieron a investigar, cuando las familias hablaron, cuando las maestras abrieron bien sus ojos y las monitoras nos mostraron el camino a seguir, en el patio de mi colegio no quedaba nadie solo y, aunque os parezca imposible, en el patio del comedor tampoco.

Más allá de haber conseguido un objetivo impensable, también se han sentado las bases para la constitución de una comunidad consciente de su poder transformador, una de esas lecciones que no en todas las escuelas se puede aprender.

PASO 2

6.2. Fase de análisis conjunto: transformamos juntos el enfoque de la demanda

INFORMES PSICOPEDAGÓGICOS QUE CULPAN AL ALUMNADO DE LAS BARRERAS EN EL ENTORNO

Marta Sánchez Blanco, orientadora y directora de CEE

«Cuando una flor no florece, arreglas el entorno en el que crece, no la flor» (Alexander Dein Heijer).

Los cambios de norma no van acompañados de cambios en la mirada, ni en el enfoque teórico, ni en las prácticas orientadoras. Ejemplo de ello son los informes psicopedagógicos y/o de planes de trabajo del alumnado, que siguen cargando la responsabilidad de falta de aprendizajes o de ajustes del contexto de aula al alumno/a o a la familia. Todavía no he tenido la oportunidad de leer un informe donde se detecten barreras del contexto, donde se analicen las barreras mentales del profesorado, las creencias y valores que impiden ver a todos y cada uno de los alumnos del aula iguales en derechos y oportunidades, ni las barreras organizativas donde los apoyos sean al aula y no al niño o niña que «hay que arreglar», donde las propuestas y situaciones de aprendizaje sean personalizadas, ajustadas a sus necesidades únicas. Sé que llegará el día que lea esos informes, y seguiré centrando esfuerzos en mi tarea asesora para ver ese día, porque entiendo que hay que seguir aprendiendo a hacer las cosas de otra manera, basada en evidencias y la ética, poniendo nuestro lado humano por encima de cualquier otro.

Como ya avanzábamos, es muy común que buena parte de las demandas estén situadas en la dimensión individual, condicionadas por la normalidad que rige la actividad escolar y un enfoque clínico-terapéutico, que es el que las administraciones entienden, regulan y fuerzan. No obstante, como profesionales de la orientación educativa podemos contribuir a transformar el enfoque de la demanda y, especialmente, del proceso de evaluación e intervención hacia una dimensión educativa y, en todo caso, respetuosa con los derechos humanos.

Nuestra labor como orientadoras y orientadores continúa ahora cuestionando, de manera compartida, el enfoque de la demanda. Se trata de iniciar una conversación en la que, junto a la persona y otros docentes del equipo, vamos tratando de escudriñar la problemática. Entender de manera dialógica, junto a la persona demandante y al equipo docente, qué implica ese «mírame a este niño» —que les implica directamente también a ellos o a ellas—, cómo revisitar la demanda y para qué podría servir responderla. Solo después de haber encontrado nuevas posibilidades de interpretación —a menudo con nuevos interrogantes, antes inexistentes— pueden abrirse caminos inexplorados. Por tanto, es importante haber dedicado algo de tiempo a escribir esos nuevos interrogantes, que a nosotros mismos nos han hecho cambiar, y otros que hemos podido aprender durante nuestra experiencia. Es este diálogo en el que volvemos a estar abiertos a la escucha, podemos comenzar a cambiar juntos hacia un enfoque pedagógico e inclusivo.

OÍR VOCES SILENCIADAS DE DOCENTES

Viki Burriel, orientadora

Nuestro trabajo como orientadoras puede favorecer procesos de mejora práctica que ayuden a hacer transformaciones reales. Nuestra posición como orientadoras puede ser colaborativa (favoreciendo unas relaciones de colaboración y construcción conjunta) o prescriptiva (dando orientaciones para que el profesorado las aplique). En mi anterior colegio, los docentes habían hecho formaciones sobre todas las metodologías que favorecen la inclusión que existen, pero en general se aplicaba muy poco... Las culturas, políticas y prácticas educativas no se cambian a golpe de orientación ni a base de hacer cursos de formación, sino a través de procesos de construcción conjunta. Las orientadoras podemos ser facilitadoras de estos procesos. Si lo que buscamos es un proceso colaborativo y no prescriptivo, es muy importante tener en cuenta prácticas y estrategias que ya utilizan algunos docentes, y que son positivas, e intentar ponerlas en común, que las compartan entre sí. Si no nos basamos en lo que ya se hace para desde ahí transformar e introducir mejoras, no serán verdaderos procesos participativos. También sería importante tener una posición de confianza en los compañeros, seguro que acumulan muchos años de experiencia y habrá personas que han desarrollado prácticas inclusivas. En un grupo de docentes, generalmente, hay gente que va probando, que se va fijando para mejorar e, incluso, otros que directamente han probado prácticas muy avanzadas e innovadoras que favorecen la inclusión. Tener un ámbito en el que hablar de todas esas cosas nos permite oír voces silenciadas de docentes y ponerlas en relación.

En este proceso debemos tener muy presente nuestro marco de actuación, así como las líneas rojas o mínimos esenciales expresados en el capítulo 4. Se trata de superar la tradición con su enfoque en el individuo y sus dificultades, lo que no significa que haya que ignorar las características personales del alumnado, pero sí exige un cambio de mirada que obliga a poner en el centro los contextos y las relaciones. Evaluar las barreras al aprendizaje implica preguntarnos por cómo están dispuestos los elementos de la práctica escolar, los organizativos y los metodológicos, así como otros pertenecientes a los ámbitos político, normativo, social y cultural. Para esta importante labor es necesario tomar consciencia de las violencias que se ejercen desde el modelo de orientación tradicional, y exige el compromiso ético de los profesionales de la educación. Además, debemos ser conscientes de que esta labor difícilmente podrá realizarse de manera individual, siendo esenciales el trabajo colectivo y las redes de apoyo.

> He tenido un encuentro este año, por sorpresa, que no me lo esperaba. Es un grupo de orientadores, que está enmarcado o está dentro de un grupo más amplio de personas que se preocupan y que luchan por transformar la escuela hacia algo más inclusivo. A los orientadores nos hacía mucha falta un grupo así, porque no lo hay, o no lo conozco. El papel del orientador necesita de un grupo de gente que pueda plantearse una práctica contracorriente de lo que está establecido en el actual modelo de orientación; y, sobre todo, en la en la práctica en la cultura que hay en este ámbito, que es una cultura desde el déficit, muy de «pásame un test»; muy de «qué le pasa a este niño». Entonces, eso cuesta muchísimo transformarlo en la práctica de uno, y claro, contar con este grupo pues es súper (Viki Burriel, orientadora).

Por todas estas y otras razones trabajadas a lo largo de este documento, pensamos que en estos momentos una de las labores más importantes que deben desempeñar los y las profesionales de la orientación educativa es la de transformar el enfoque de la demanda. Debemos ayudar a entender que en ningún caso son un problema las características que podamos atribuir al alumnado, pues, en todo caso, las dificultades que pueda encontrar el alumnado o el profesorado en los procesos de enseñanza-aprendizaje o en la convivencia responden a situaciones problemáticas que se dan en un contexto concreto, inmerso en una cultura particular, y donde se desempeñan unas prácticas específicas. Es esencial dejar de responsabilizar al alumno de lo que «no puede hacer» o de lo que «le falta» para empezar a pensar en los elementos que dificultan el aprendizaje y la participación de todo el alumnado, sin excepción.

Ayudar a promover este cambio de mirada, de lo individual a lo sistémico, es posiblemente la labor más importante que podamos realizar como orientadores y orientadoras.

¿YO SOY TONTA?

Relato breve de Alicia

Jesús J. Moreno Parra, investigador educativo

«Mamá, ¿yo soy tonta?». Estas fueron las palabras de Alicia, una niña de 6 años, a su madre.

Alicia había sido hasta el momento una niña dulce y sonriente que mostraba felicidad cada día al ir a la escuela. Al llegar a primero de primaria, su nueva tutora cita a los padres de la pequeña para decirles que hay «algo que no está bien en su hija». Les informa de que, a su parecer, Alicia ralentiza el ritmo de la clase y que, por sus características, «frena» al resto de los niños y las niñas. Para esa tutora, Alicia tenía un defecto, no era lo que ella esperaba o deseaba de ella, por lo que optó por «pedir ayuda» a la orientadora, y esta última, tras el uso de instrumentos diagnósticos, corroboró lo que la tutora pensaba: Alicia no era «normal». De hecho, esos instrumentos situaban a Alicia por debajo de la normalidad, en el déficit, pero señalaban una «desviación moderada», «casi aceptable». De esta manera Alicia fue marcada como con inteligencia límite.

Es curioso lo precisos que son los instrumentos psicométricos y la exactitud con la que nos sitúan dentro de la distribución normal, sobre todo cuando la propia comunidad científica no se pone de acuerdo en torno a qué es eso de la inteligencia. ¿Realmente el intento de cuantificar la inteligencia de Alicia tuvo algún valor? Podemos adelantar que pedagógicamente no lo tuvo, de hecho, más bien ocurrió todo lo contrario. Alicia desarrolló disfemia, terrores nocturnos y pánico a ir a la escuela, probablemente, entre otras causas, porque sus compañeras comenzaron a excluirla.

La familia de Alicia tuvo que luchar con una tutora que no quería a su hija en la clase, que entendía que no era su lugar. Fueron meses duros para Alicia y su familia, pero, por suerte, contaban con los recursos y los contactos necesarios para cambiar a la pequeña de escuela. Se mudaron de ciudad en busca de un colegio que no maltratase a su hija, y, por suerte, encontraron uno que rechazaba cualquier etiqueta diagnóstica, centrándose en conocer al niño o a la niña directamente, y no a través de un informe.

En ese colegio la inteligencia límite de Alicia «se curó», ella volvió sonreír y a disfrutar de la escuela. Una escuela que, mediante un enfoque colectivo basado principalmente en el aprendizaje dialógico y cooperativo, a través de proyectos de investigación, trataba de dar respuesta a la diversidad. En esa escuela ningún alumno era lento, pues no hay un ritmo válido y otros que no lo son; tampoco existía la desadaptación del alumno a la metodología, pues es la metodología lo que puede y debe ser cambiado, y no el alumnado.

En ese colegio Alicia pudo aprender y convivir como una más, no solo acabando la primaria satisfactoriamente, sino que no tuvo problema en el tránsito a secundaria.

En el proceso de reconstruir la demanda, hay que hacer un ejercicio importante en el que se entiende el valor de la construcción que el compañero o compañera nos ha trasladado. Los seres humanos construimos nuestras interpretaciones de acuerdo con el contexto en que se producen, lo que nos dice, por tanto, cómo es el marco institucional en el que nos ubicamos. Por tanto, estamos aprendiendo sobre la dimensión estructural de la evaluación psicopedagógica.

Por otra parte, la diversidad no solo está en el alumnado, y una escuela que pretende ser sensible a la diversidad debe tener en cuenta la que existe entre el profesorado. Las interpretaciones de las que partimos son el anclaje necesario para la construcción de aprendizajes significativos y relevantes, que no tenemos que hacer nosotros como orientadores —aunque también—, sino que estamos propiciando ahora en el docente que ha pedido nuestros servicios. Para ello hay que crear preguntas donde había certezas, y en esta tarea algunas experiencias como la de Alicia son particularmente valiosas. Solo cuando nos hacemos preguntas buscamos la forma de encontrar respuestas. Tanto las preguntas como sus respuestas tienen que ir ayudando a vincular la demanda a la propia acción, a las condiciones sociales, culturales y estructurales de la institución, en las que su demanda cobra sentido.

¿Qué significa ser lento en la escuela? ¿Y en otros contextos? ¿Qué es tan importante aprender? ¿Quién decide lo que es importante o no aprender? ¿Cuáles son las prescripciones que impiden flexibilizar estas y otras condiciones que nos hacen dudar de la capacidad del alumnado? ¿Son realmente prescripciones legales o directrices de las editoriales? ¿Qué significa ser buen o mal alumno? ¿Qué sentido tiene poder decir que hay malos alumnos en una escuela obligatoria? Es todo un arte ir construyendo y utilizando las preguntas adecuadas que, en el momento preciso, pueden habilitar nuevas interpretaciones acerca de la realidad. Estas preguntas devuelven a la arena social y pública lo que se había circunscrito al ámbito personal y privado del alumnado y su familia.

¿VALE LA PENA PENSAR...?

Viki Burriel, orientadora

Ante las demandas de evaluación psicopedagógica del profesorado, necesitamos acoger la preocupación que nos expresan para, desde ahí, intentar transformar esa demanda, formulada en términos individuales, en procesos de análisis y reflexión sobre la práctica y las relaciones en el aula. Realizar este trabajo de reformulación nos puede llevar a establecer objetivos de mejora que vayan en un sentido inclusivo.

Para ayudar a realizar este cambio de planteamiento puede ser de ayuda ampliar el campo de análisis y visión individual inicial. Por ejemplo, cuando se nos demanda por las dificultades de aprendizaje de un alumno/a, ¿vale la pena hablar de convivencia, de normas, del patio? Pensamos que sí. Hablar de esas otras cosas nos permite analizar con el profesorado la complejidad de los procesos de enseñanza-aprendizaje, resituar nuestras prioridades como educadores, introducir elementos teóricos y metodológicos y, a partir de ellos, favorecer una mirada más flexible e inclusiva.

Otro ejemplo: cuando se nos demanda por supuestos TDAH o trastornos de conducta, ¿vale la pena pensar cómo se dan los procesos de aprendizaje, la metodología, el autoconcepto o la consideración social? Pensamos que sí. Hablar de la «atención» o de «la conducta» como procesos psicológicos individuales incita a miradas patologizadoras del alumnado y dificulta la comprensión de los procesos educativos, que son procesos sociales, multifactoriales y en los que el alumnado es un actor activo.

Así algunos aspectos que incluir en estos procesos de reformulación serían:

- **Pensar en el clima de relaciones y su calidad**. Por ejemplo, si hay alumnado aislado, si hay grupos separados que se relacionan poco entre sí, si ha habido situaciones de maltrato, si hay enfrentamientos entre grupos… Si en el plan de convivencia hay muchas acciones y actuaciones dirigidas a fomentar las relaciones positivas, la cohesión, la comunicación respetuosa, la cooperación… o si, en cambio, la mayor parte de las medidas van dirigidas a subsanar situaciones conflictivas o en las que ya hay un problema de convivencia.

- **Pensar en las normas que rigen el aula o el centro**. Si se han establecido democráticamente, si el alumnado las asume como propias, si pueden adoptar un papel activo en la gestión de estas normas, si se utiliza el diálogo, la escucha, la capacidad de reparar y restaurar... o si, en cambio, son sistemas punitivos que aplica el profesorado.

- **Pensar en la metodología**. Si hay una estructura individualista, competitiva, si las propuestas son rígidas y homogéneas, si se incorporan facilitadores que mejoren la accesibilidad de las propuestas educativas…

- **Pensar en los sistemas y elementos de apoyo**. Si favorecen la creación de grupos aparte, si impactan sobre el estatus social del alumnado con «etiqueta» o que «repite», si se mantienen altas expectativas, si se cuenta con el alumnado como recurso valiosísimo de apoyo…

- **Pensar en la rigidez curricular**. Si se trabaja desde una perspectiva intercultural favoreciendo la incorporación y valorización de las minorías desde el currículo, si los libros de texto están aumentando la rigidez de nuestra propuesta curricular, si hacemos uso del margen de autonomía en la programación curricular que sí nos permite la legislación actual.

- **Pensar en las diferencias como una riqueza**. Si estamos trabajando cómo contrarrestar la tendencia social hacia la desvalorización de las personas en desventaja o más vulnerables.

En cualquier caso, el proceso solo ha comenzado. Con este diálogo que abre el marco de análisis, solo estamos mostrando otras posibilidades. Lo deseable sería que los compañeros y compañeras puedan conectar con algunas de estas ideas, quizá volviendo nuestra mirada junto a las suyas hacia nuestras infancias. ¿Recordáis lo que significaba esto para vosotros cuando erais estudiantes? ¿Creéis que lo que hoy asumimos sin más sería aceptable para vosotros y vosotras como estudiantes? Mi experiencia escolar en este sentido fue…, no sé cómo sería la vuestra… Esta conexión entre nuestras biografías, así como la conexión con las historias del alumnado, sacan el análisis de los protocolos, las tradiciones y la sensación de neutralidad en la que se producen los actuales procesos de exclusión y segregación en las escuelas, y, aunque difícilmente llegará a conclusiones distintas en un momento, sí que predispone hacia el siguiente paso: construir juntos un diagnóstico del problema.

Y es importante hablar de diagnóstico, así como de problema. Necesitamos ayudar a reconstruir todo eso que ahora se esconde debajo de esas palabras. Resignificar las palabras que forman parte de la vida y las prácticas escolares. Y si el problema puede haberse mirado desde el punto de vista social (por ejemplo, ¿qué hace que piense que este niño o esta niña no cabe en mi clase?), podemos desarrollar un análisis que atienda a esta nueva dimensión social y cultural del problema. Este será el siguiente paso, para el que nuestras miradas no son suficientes. Tenemos por delante un proceso en el que construir juntos un nuevo saber, partiendo de otras voces de la comunidad escolar.

ES UN TDAH DE LIBRO
Viki Burriel, orientadora

La tutora de Matvi, lo tiene claro, «es un TDAH de libro». Esa es una de las expresiones que más me disgusta escuchar. En mis años de orientadora es una cantinela recurrente. Creo que casi cada año la escucho en alguna sesión de evaluación, en las solicitudes, por los pasillos… Me disgusta porque sé cuál es la continuación… Visita al neuropediatra, patologización de su forma de ser y de estar, entrevistas en las que no se pregunta al niño, no se habla con él, cuestionarios a las familias y al profesorado y, por fin, la medicalización. Cuando llega el diagnóstico todos descansan, ya no hace falta preguntarse más si podríamos hacerlo mejor los adultos del cole o los de casa, ya no es necesario porque se descarga la responsabilidad en la supuesta enfermedad del niño y todos tranquilos. Todos menos el niño, que no ha podido hablar, que recibe una medicación con muchos efectos secundarios y con una incógnita sobre lo «defectuoso o enfermo» que es.

Lo he escuchado tantas veces, tantas, que fue liberador cuando el propio Leon Eisenberg, el psiquiatra que descubrió el TDAH, en 2009 lo calificó de «enfermedad ficticia», en alusión al crecimiento desproporcionado de diagnósticos en todo el planeta, y que determinadas conductas tienen razones psicosociales que hay que escudriñar, un proceso mucho más largo que «prescribir una pastilla contra el TDAH». Pero ahora tengo de nuevo la frase ante mí y, como todos los años, voy a ver cómo lidiar con este miura.

Desde luego, lo primero es acoger la preocupación de la tutora, acoger su inquietud y sus ganas de que algo cambie, escuchar sus quejas, pero no aceptar la categorización del niño. Esto es delicado, pero se puede hacer, no es necesario dar la razón a una persona para escucharla con las orejas bien abiertas y el corazón dispuesto a empatizar. La tutora de Matvi es una maestra experimentada, no excesivamente innovadora, pero tampoco de la vieja guardia; es trabajadora y tiene calidez en su relación con los niños y las familias, se queja porque de verdad ve un problema y le cuesta mucho dar las clases, le preocupa estar desatendiendo a Matvi.

En reunión con ella y con el equipo docente, les explico lo mejor que puedo que no se trata de categorizar a este niño, que vamos a hacer nuestro trabajo para intentar mejorar la situación en el ámbito educativo, que la pediatra ya verá lo que hace, pero nosotros no nos vamos a meter ahí. Aporto los argumentos de la OMS, los de la escuela inclusiva y todo lo que puedo, pero aun así tenemos un desacuerdo inicial con la tutora, aunque el maestro de Educación Física se muestra conforme conmigo. Afortunadamente, este desacuerdo no nos impide continuar. A lo largo de la sesión vamos investigando y encontramos otras preocupaciones, otros niños de la clase que también «se muestran disruptivos», que tampoco pueden parar tanto como desearían los adultos, que, en definitiva, encuentran barreras para «encajar» en el aula. Hablamos sobre el aprendizaje en esta clase, sobre las actividades en las que están más conectados, y acordamos preparar más actividades de este tipo. Tratamos las relaciones entre iguales, cuál es el clima de relaciones. Nos preguntamos cómo se encuentran los niños, empezamos por Matvi, pero seguimos por otros niños y niñas de la clase. Terminamos la reunión con acuerdos sobre qué vamos a observar en el aula y en el patio, porque parece ser que se dan algunas relaciones conflictivas (como no podría ser de otra manera en cualquier entorno social). También necesitamos conocer cómo se sienten tanto Matvi como otros alumnos que evidencian malestar emocional y en ocasiones se encuentran aislados, así que acordamos dos dinámicas en las que escuchar al alumnado y una pequeña charla individual de la tutora con Matvi y con tres alumnos más para que le puedan explicar cómo se sienten. Y, por último, se acuerda realizar dos sesiones de tutoría en la que se trabajarán de forma democrática las dificultades para trabajar en el aula.

Sigue el proceso y nos reunimos la tutora y yo con la madre de Matvi; es una entrevista intensa en la que abandonamos nuestras expectativas iniciales para escuchar a esta madre, que se encuentra desbordada, que no encuentra apoyo en el padre del niño, están separados, tienen conflictos y el niño los acusa. Ayudamos a esta madre en la medida de nuestras posibilidades y, posteriormente, hacemos reunión con el padre. En ambas reuniones ayudamos desde la escucha y damos información sobre recursos de apoyo y asesoramiento familiar. El problema en esta familia no es el mal comportamiento de este niño; al convocar a sus padres, les hemos ayudado a pensar en cómo mejorar la situación para ayudar a su hijo. Quizás no lo consigan del todo, pero ha sido positivo escucharlos sin darles la alternativa de «ve al médico que a tu hijo le pasa algo». En cambio, hemos podido pensar con ellos en la inseguridad que siente su hijo ante esta situación familiar y alternativas concretas ante los deberes, que son una de las principales causas de los conflictos allí en casa.

En la siguiente reunión con la tutora me cuenta que Matvi siente que todos le echan la culpa a él, sabe que él a veces molesta a sus compañeros y al profesorado, pero no siempre, y a veces se siente solo. Hacemos una intervención para crear un grupo de apoyo a Matvi y a otro alumno que también se siente aislado. Les pedimos permiso a ellos y reunimos a unos cuantos niños de la clase, explicamos los sentimientos de estos niños. Los otros se quejan del comportamiento de Matvi, pero también empatizan con sus sentimientos y se proponen ayudar a sus compañeros. En las dinámicas grupales y las sesiones de tutoría que habíamos acordado con toda la clase aparecen los conflictos, los sentimientos y posibles soluciones.

Realizamos una segunda reunión de equipo docente: algunas cosas han avanzado, otras parecen estancadas, la tutora y otros maestros han introducido alguna pequeña adaptación en alguna actividad que valoran positiva, parece que el clima de relaciones mejora un poco y el comportamiento de Matvi en el aula, que tanto nos preocupaba, ha mejorado un poquito. Poco, pero algo. Parece que ya no se sienten desbordados. Siguen pidiendo la categorización y les pregunto qué necesitamos ahora: «a la PT», me dicen. Insisto en la necesidad de evitar la categorización, pero recuerdo que también contamos en esta aula con tres horas de apoyos ordinarios. La PT interviene con un niño de esa clase, pero ella sí es de la escuela antigua y no quiere meterse en «líos de inclusión». En la reunión trabajamos la idea de los apoyos para hacer qué cosas concretas, acordamos la organización de algunas sesiones tipo estaciones dos horas a la semana. También surge la idea de mejorar la forma en que el alumnado se ayuda entre sí. Rescato y hago énfasis en repetidas ocasiones sobre este tema, que creo fundamental. Acordamos la realización de una dinámica para enseñarles a ayudarse, acordamos pensar y trabajar para buscar activamente cosas en las que el alumnado más vulnerable puede ser felicitado y puede también ayudar a sus compañeros, no únicamente ser receptor de ayuda. Acordamos también algunos puntos relacionados con el comportamiento del grupo que el equipo docente le va a transmitir al alumnado y a sus familias. Algunos se quejan por hacer ya dos reuniones en 15 días, pero otros valoran que está siendo útil... Seguimos...

No siempre sale bien, pero este año, este grupo de gente ha conseguido hacerle un sitio a Matvi y, de paso, mejorar su situación un poquito. No estoy satisfecha, porque no hay recursos suficientes, a la familia de Matvi y al niño les vendría bien tener una atención psicológica, pero no tienen dinero para pagarlo y las psicólogas de servicios sociales no dan abasto. Posiblemente les darán atención una vez al mes, ojalá les sirva. Yo preferiría haber podido introducir el aprendizaje cooperativo para mejorar el aprendizaje y las relaciones o, al menos, la lectura por parejas. Veo necesario introducir en el currículum una perspectiva intercultural que ayude a Matvi y a otros niños de su clase a ser más partícipes del currículum. Me gustaría que hubiera más coordinación y que se organizaran las horas de apoyo desde una perspectiva más inclusiva y no con el maestro allí al lado del alumno «con dificultades». Quisiera hacer un proceso de investigación acción participativa que permitiera poner de manifiesto las situaciones en las que el profesorado es muy autoritario y gestiona el aula de forma antidemocrática..., pero de momento no hemos podido ir más allá. Entretanto, Matvi va creciendo sin medicación y sin etiqueta, está un poquito menos furioso, menos ansioso, se siente un poco mejor, sigue molestando a sus compañeros y al profesorado, pero ya tiene su espacio y hay muchos momentos en los que también ayuda. Esta clase es un poco más acogedora y este equipo docente ha remado en la misma dirección. Seguimos...

PASO 3

6.3. Fase de diagnóstico: miramos al contexto de forma participativa

 Cuando el alumnado es nombrado, por ejemplo, por su (dis)capacidad pierde su identidad para poner el foco en aquello que no puede. Y yo me pregunto, ¿qué hacemos cuando realizamos una evaluación psicopedagógica con su correspondiente informe, sino nombrar por lo que no pueden? … Porque un diagnóstico no es otra cosa que una perspectiva desde la que miramos a una persona, o mejor, desde la que obviamos a la persona.

M.ª José G. Corell, orientadora
Diario de la Educación, 21/12/2018
https://minifi.ca/FjcQC

Una vez hemos iniciado el cambio del enfoque de la demanda y nos dirigimos hacia una evaluación sistémica que pretende identificar las barreras que dificultan el aprendizaje y la convivencia de todo el alumnado, pasaremos a evaluarlas. Esto lo haremos desde un enfoque participativo que incluya a los distintos actores.

Para pensar esta tarea, quizás puedan resultar útiles algunas de las preguntas que orientan la guía sobre el desarrollo de prácticas inclusivas del paquete de recursos de la UNESCO (https://minifi.ca/YYz_n) que a continuación presentamos. Seguramente pueda ayudarte a repensar el problema y a pensar preguntas que puedan facilitar a otros miembros de la comunidad a desarrollar sus propias reflexiones fuera del marco habitual en el que se piensan los problemas en la escuela.

VOLVER A PENSAR EL PROBLEMA

1. La enseñanza se planifica teniendo en cuenta a todos los estudiantes
   - ¿Las actividades de las clases tienen en cuenta los intereses y las experiencias de los estudiantes?
   - ¿Se utilizan métodos de enseñanza variados?
   - ¿Los estudiantes comprenden el propósito de las actividades de la lección?

2. Las clases fomentan la participación de todos los estudiantes
   - ¿Todos los estudiantes son llamados por su nombre?
   - ¿Hay materiales que despierten el interés de los estudiantes?
   - ¿Los estudiantes sienten que pueden hablar durante las clases?
   - ¿Las lecciones son relevantes culturalmente?
   - ¿Se fomenta que hombres y mujeres hablen de forma equivalente?

3. Los estudiantes participan activamente en su propio aprendizaje
   - ¿Se estimula a los estudiantes a responsabilizarse de su propio aprendizaje?
   - ¿El ambiente en el aula fomenta el aprendizaje independiente?

4. Se anima a los estudiantes a que se apoyen mutuamente en su aprendizaje
   - ¿La disposición de las sillas en el aula anima a los estudiantes a interactuar?
   - ¿Se espera que los estudiantes trabajen en parejas o en grupos?
   - ¿Los estudiantes se ayudan mutuamente para alcanzar los objetivos de las clases?

5. Se proporciona apoyo a los estudiantes que muestran dificultades
   - ¿Los docentes están atentos a los estudiantes que tienen dificultades?
   - ¿Los estudiantes se sienten capaces de pedir ayuda?

6. La disciplina en el aula se basa en el respeto mutuo
   - ¿Existen reglas claras para hablar y escuchar pidiendo el turno?
   - ¿Sienten los estudiantes que las normas del aula son justas?
   - ¿Se previene el *bullying*?

7. Los estudiantes sienten que pueden hablar con alguien cuando tienen alguna preocupación o están descontentos

- ¿Se escuchan y atienden las preocupaciones de los estudiantes?
- ¿Los docentes están disponibles para que los estudiantes hablen con ellos en privado?

8. La evaluación contribuye al desempeño de todos los estudiantes

- ¿Los docentes utilizan las evaluaciones para estimular el aprendizaje?
- ¿Los estudiantes reciben comentarios constructivos sobre su trabajo?
- ¿Se ayuda a los estudiantes a repasar para las pruebas o los exámenes?
- ¿Los docentes garantizan que se respete la diversidad, incluso dentro de un sistema de evaluación formal unificado?

(UNESCO, 2021, p. 17-18)

Podemos comenzar con una fase inicial en la que, acompañando al docente, preguntemos al alumnado cómo es su clase, cómo se siente en ella, cómo le gustaría que fuese, qué situaciones le gustan y cuáles no, cómo le gusta aprender, qué necesita para poder aprender más y mejor, etc. Esto puede hacerse de manera dialógica y distendida, en asamblea, o con algunas dinámicas en las que el alumnado deje por escrito su sentir.

> CONSTRUIR UNA ESCUELA MÁS DEMOCRÁTICA, COMO LUGAR DE CONVIVENCIA, NO ES POSIBLE SIN CONTAR CON LA PARTICIPACIÓN AUTÉNTICA DE LA FAMILIA Y DEL PROPIO ALUMNADO.
>
> MARÍA JOSÉ G. CORELL
> https://minifi.ca/n7k26

Para dinamizar este proceso, es útil generar pocas preguntas que puedan arrojar luz a la demanda. La pretensión de hacer análisis inclusivos es pensar en barreras a la presencia, al aprendizaje y la participación. En términos generales —que habría que contextualizar para dar respuesta a la demanda concreta—, algunas preguntas que pueden hacerse son:

1. ¿Cómo es nuestra clase? Esta pregunta ofrece una panorámica general sobre el funcionamiento y el ecosistema de la clase. También es interesante pensar y debatir sobre el bienestar del alumnado en la clase, con una pregunta como ¿cómo nos sentimos en clase?
2. ¿Cómo se enseña y cómo se aprende en nuestra clase? La respuesta a esta pregunta permite detectar las barreras al aprendizaje que están fuera del alumnado.
3. ¿Cómo son las relaciones entre compañeros/as y con los profesores/as? Esta pregunta pone el foco en la detección de barreras a la participación.
4. ¿Cómo es la clase (y escuela) de tus sueños? Se trata de invitar al alumnado a proyectar el aula y la escuela que desean.

La respuesta a estas u otras preguntas debe significar el inicio de un diálogo entre el alumnado, el docente y el orientador, tratando de indagar y profundizar sobre las palabras del alumnado. Ahora queremos saber qué piensan ellos y ellas sobre el problema inicial. Es importante que les invitemos a pensar en toda la clase, en todos los compañeros y compañeras, para responder a las diferentes cuestiones. Así, el marco de análisis estará teniendo en cuenta la diversidad del alumnado y ya estará incidiendo en un enfoque preocupado por la justicia social y la cooperación. Todas estas preguntas no pretenden más que ayudar a pensar posibilidades. Al facilitar el trabajo sobre algunas de estas preguntas en un taller, que puede hacerse en un par de horas, ya hemos iniciado el análisis, pero también la acción. El alumnado comienza a ser parte de la solución al problema. El grupo clase comienza a investigar, y puede pensarse a sí mismo como un grupo de investigación acción participativa (GIAP). Hay que recoger las ideas planteadas, de las que debe emanar un foco de estudio: queremos investigar junto al alumnado cómo puede mejorarse la realidad que entre toda la clase se ha entendido como central. Ese problema, que puede ser una barrera o varias —huelga recordar que las barreras nunca están dentro de un sujeto, sino en el contexto—, ahora debe ser reformulado en términos positivos: el problema da paso a la posibilidad.

EVALUACIÓN PARTICIPATIVA: FAMILIA-ALUMNADO-DOCENTES

Marta Sánchez Blanco, orientadora y directora del CEE

Cuando a la familia se le reconoce el espacio y el tiempo para participar en los procesos de aprendizaje que se dan en el aula, las evaluaciones y las planificaciones que se derivan se enriquecen y aprendemos juntos. En mi caso, trabajamos desde el enfoque de planificación centrada en la persona y creamos un equipo horizontal a tres bandas alumno/a-familia-equipo docente que permite diseñar el plan de trabajo desde lo que es importante conseguir para el propio alumno/a y su familia. Esos resultados personales esperados serán el punto de partida del diseño, en el que el currículo se convierte en herramienta para alcanzar esos objetivos: organizar un viaje, saber más sobre los dinosaurios, aprender a manejar el dinero, aprender a conducir una moto…, resultados esperados y deseados por cualquiera de nosotros/as a lo largo de nuestra vida, con intereses cambiantes, y que nos ayudan a vivir una vida feliz con sentido. ¿En qué punto la escuela se aleja de la vida?

Pongamos un ejemplo: si el problema inicial es que una niña aprendía demasiado lento, lo que hacía sospechar de su inteligencia, en una primera instancia se redirige, ¿qué hace que pensemos que aprende demasiado lento? Junto al alumnado, podemos pensar esta pregunta directamente, ahora sin señalar a ningún estudiante en concreto. Después del taller, el foco de estudio, que inicialmente era un problema, puede haberse reconvertido en propósito en clave positiva, ¿cómo podríamos aprender sin prisas y mejor?

El siguiente paso será recabar información sobre el foco elegido, y ya no es el docente ni el orientador quien tiene que hacerlo, sino el propio alumnado, que puede incorporar también a las familias, a otros docentes, a otros estudiantes del centro, etc. Esto puede ir ocurriendo poco a poco, no en el primer momento necesariamente. El proceso se va abriendo en este período de diagnóstico en el que todos vamos haciendo el trabajo de campo: entrevistas cruzadas entre el alumnado, el alumnado a las familias, al profesorado, debates, observaciones de las clases tanto de compañeros como del alumnado, relatos de vida…

… en la práctica de la evaluación psicopedagógica nos debemos preguntar si, tanto la evaluación como el informe, están sirviendo para transformar, no al niño o la niña, como ha venido siendo desde el modelo médico, sino el contexto: la política, la cultura y las prácticas de nuestras escuelas. Si no va en esa dirección, si no ayuda a transformar el contexto, tendremos que revisar si vamos por buen camino, y habrá que replantear lo que estamos haciendo.

María José G. Corell, orientadora
https://minifi.ca/mcgcr

Dos semanas son tiempo suficiente para hacer estas pesquisas, en las que toda la comunidad participa como investigadora. Toda la información que se va obteniendo en cada momento (un estudiante que entrevista a otro, por ejemplo) debe ir siendo concentrada y registrada (en este caso, el entrevistador elige las ideas fundamentales, a ser posible incorporando frases textuales del entrevistado, y las escribe en un papel haciéndolo anónimo), y un equipo conformado por un par de estudiantes, el docente y la orientadora, por ejemplo, lo archivan y tratan de organizar. Este análisis de la información recabada debe contar detalles

sobre cómo es la realidad que estamos estudiando (por ejemplo, el ritmo impuesto para aprender en una clase) y propuestas para mejorarla. El pequeño grupo de personas encargada de esta tarea, que llamaremos grupo motor, estará encargado de devolver, de forma resumida, a la clase lo que entre todos y todas han conseguido recabar.

Hemos diseñado varios tutoriales para pensar en la forma de recoger información y devolverla a la comunidad. Aquí tienes algunos de ellos. En la siguiente página (https://minifi.ca/YymxA) iremos generando más recursos útiles para acompañar estas y otras tareas. Para una mayor profundización en algunas de estas estrategias de recogida de información, recomendamos consultar las páginas 20 y 21 de la guía *Cómo hacer Investigación-Acción Participativa* (https://minifi.ca/b_Ba_).

EL PAPEL DEL ESPACIO
Raúl R. López Reyes, orientador

Loris Malaguzzi (2001), iniciador e inspirador de la metodología educativa de las escuelas de Reggio-Emilia, acuñó la idea del espacio como «el tercer maestro». En varios centros acordamos hacer un diagnóstico de las aulas. Para ello, entrábamos a observar el aula el orientador, la profesora de pedagogía terapéutica, la especialista en audición y lenguaje y el profesor de apoyo a la integración, preguntando también, en un segundo momento en el mismo día, al alumnado y a su tutor y, finalmente, a la familia. El foco de nuestra atención iba dirigido no solo a lo que veíamos con los ojos, sino a lo que sentíamos con el pecho, es decir, cómo nos habíamos sentido y se sentían en el aula. Inicialmente no se suele saber qué decir de la primera aula, debido a lo acostumbrados que estamos a ver ese mismo tipo de aula que «dejamos de ver», pero, por comparación con otras aulas, resaltan claras algunas cuestiones como si el clima es cálido o frío, si el espacio se sentía saturado-comprimido o relajado-abierto, si se siente como un espacio muerto o lleno de vida… Si sentimos el espacio/aula como un «no lugar» (Augué, 1993), como espacio donde no se concede lugar para la vida, la expresión del alumnado, que son las «aulas muertas» de las que nos habla Mireia Long (2015). La tutora o tutor también cuenta cómo se siente en ese espacio/aula y, al igual que el alumnado, si les gustaría cambiar algo de la misma, puesto que no es el centro o el aula tal que te han asignado y es como es, sino que seguirá siendo o cambiará como tú la transformes en la medida de tus posibilidades individuales y colectivas. En ocasiones, se han liberado las paredes de antiguos pósteres o, incluso, cambiado los colores de las paredes, cambiado y/o retirado mobiliario y hasta puesto suelos de tarima en aulas de infantil con el trabajo de las familias. Lo que nos queda claro es que pasamos «del espacio del lápiz y papel, al papel del espacio. De los espacios enfermos que enferman, a los espacios sanos que sanan» (López Reyes, 2017).

6.4. Fase de diseño de intervención: construimos con la comunidad del aula una propuesta de trabajo

En vez de hacer evaluaciones socio-psicopedagógicas al alumnado, acordamos que cambiaría ese tiempo que me llevaría, trabajando conjuntamente con la tutora en su aula, al menos 2 horas y media cada semana, 1 y media en su aula y otra hora de reunión fuera del aula con el equipo de orientación del centro, con el compromiso de que toda intervención habría de ser inclusiva, y fotografiar con objetivos de formación y compartir con el resto de docentes del aula lo que fuera surgiendo de la experiencia (Raúl R. López Reyes, orientador).

El GIAP es un equipo de investigación constituido por alumnado, profesorado, otros profesionales (profesorado de apoyo, orientador/a, equipo directivo) y familias que hace de catalizador del proceso, facilitando que la gente participe y que esa participación tenga consecuencias prácticas. Para una clase, por ejemplo, un grupo operativo podría estar constituido por el docente, tres estudiantes, un padre o madre, orientador/a y PT o AL, en su caso. Dependiendo del momento del proceso, de la implicación de diversos sectores y de la dimensión del grupo (varias clases, un centro, etc.), podrían añadirse otros perfiles, como personal de administración y servicios, otros agentes de la comunidad y facilitadores externos, como profesorado universitario o profesionales que estén familiarizados con metodologías participativas. En cualquier caso, este grupo puede ser muy sencillo (cuatro personas, por ejemplo).

El GIAP, aunque puede fluctuar, en su totalidad constituye un grupo estable que trabaja colaborativamente y se reúne de forma periódica. La pertenencia al GIAP exige a sus miembros la adopción de compromisos y su implicación en todas las fases del proceso, al menos durante un ciclo. Es un grupo que actúa a la vez como informante, proporcionando información significativa sobre el foco de estudio elegido, y como organizador de lo que el resto de la clase ha dicho. Esto garantiza un cierto análisis interno de lo que ocurre en el aula, desde sus propios actores. Por momentos, la ayuda externa (una amiga crítica, que puede ser colega experimentada, facilitadores externos, como investigadores universitarios, etc.) pueden ofrecer una perspectiva externa que ayude a dar un paso atrás y volver a mirar con una mayor perspectiva.

En el GIAP cada voz vale lo mismo que otra, independientemente de su posición en la escuela, la edad, el nivel de estudios, etc., ya que estamos tratando de entender la realidad que vivimos en común. Inicialmente, es conveniente que se establezca una planificación y cronograma de las distintas sesiones que se mantendrán a lo largo del ciclo. A su vez, el ciclo tendrá una duración más o menos extensa, dependiendo de la magnitud del proceso que se pretende emprender. Atender a los tiempos de la escuela para la planificación puede ser de utilidad, ya que hace que los procesos no se eternicen. Por ejemplo, un ciclo de una IAP de aula podría desarrollarse en un trimestre, aunque también podría hacerse pensando en todo un curso escolar.

Recordamos que el ciclo debe abarcar todas las fases: detección inicial del problema, reconceptualización, diagnóstico, diseño de plan de acción, desarrollo del plan y evaluación de este. En algunas ocasiones, esto requiere premura y velocidad, ya que atiende a urgencias que nacen continuamente en la escuela. En otras ocasiones, merece la pena dedicar un tiempo más prolongado y sosegado, porque queremos hacer un trabajo más de fondo. En cualquier caso, la labor de investigación acción participativa tiende a trabajar varios problemas a la vez, incluso sin pretenderlo. Esto puede servir para relajar el agobio que inicialmente puede generar el proceso: algo que antes se «solucionaba» con un proceso de etiquetado y derivación, ahora requiere la acción de muchos actores que se tienen que organizar para investigar y actuar durante un período de tiempo. Tranquilidad. Todo el tiempo que se invierte en esto es un tiempo ganado, nunca perdido. Ganado en inclusión y equidad, en la mejora de los aprendizajes y las relaciones de todo el alumnado sin excepción.

DEMOCRATIZAR EL AULA

Raúl R. López Reyes, orientador

En una asamblea, el GIAP describe el diagnóstico de la realidad realizado y, tras esto, es el momento de plantear las principales soluciones que ha ido proponiendo la comunidad. Una vez se han identificado las principales propuestas, es el momento de abrir un debate que permita construir nuevas propuestas de acción orientadas hacia la transformación de los procesos, los contextos y las relaciones. Algunas de estas pueden ser el trabajo por proyectos de investigación, talleres en el grupo/clase o talleres interedades, actividades internivelares, grupos cooperativos, grupos interactivos, asambleas como estrategia didáctica, tertulias dialógicas, teatro del oprimido, psicomotricidad relacional, etc. En definitiva, cualquier respuesta educativa que nos acerque a la democratización del aula desde lo dialógico y cooperativo... No se trata de una lista que hay que completar, es un repertorio abierto y contextualizado.

A medida que la investigación va avanzando, también iremos avanzando en estos planos que acabamos de mencionar. Sin que haya ninguna metodología que por sí misma asegure el adecuado desarrollo de la educación inclusiva, lo que está demostrado es que las propuestas participativas que dan protagonismo a la comunidad contribuyen a ello y que el modelo tradicional es, en sí mismo, una barrera a la inclusión, pues difícilmente podríamos hablar de procesos democráticos en la construcción del currículum con el alumnado sentado de uno en uno, o de dos en dos, donde el docente es quien ostenta el conocimiento y establece una relación bancaria con el estudiantado, donde los saberes de los estudiantes, sus diferencias e intereses no tienen cabida, y el libro de texto es quien decide qué y cómo aprender.

Tras haber desarrollado el diagnóstico compilando las ideas fuerza que nacen de la participación de toda la comunidad, es el momento de proceder con el diseño de la intervención. En el diseño participa el grupo de investigación acción participativa (GIAP), pero, de nuevo, como herramienta para que sea todo el colectivo el que tome las decisiones sobre lo que se debe hacer. Es decir, en las ideas planteadas por la comunidad y recogidas por todos los actores para hacer el diagnóstico de la situación, también van emergiendo posibles soluciones. En una asamblea, el GIAP describe el diagnóstico de la realidad realizado y, tras esto, es el momento de plantear las principales soluciones que ha ido proponiendo la comunidad. Una vez se han identificado las principales propuestas, es el momento de abrir el debate, a modo de lluvia de ideas, que permita generar nuevas propuestas de acción, ya que en este momento podemos tener una mirada más amplia sobre la realidad estudiada.

La propuesta de trabajo debe ser concreta y contener una definición de las tareas que desarrollar y sus fases, así como quiénes van a participar, cómo se va a animar a la comunidad a llevarlo a cabo, posibles comisiones, cronograma, etc. Es importante que la intervención diseñada favorezca la participación y prestar especial atención a las voces del alumnado y las familias. Los procesos de construcción democrática deben tratar de redistribuir el poder, lo que constituye en sí mismo un enfoque altamente inclusivo.

En esta tarea, el uso de la asamblea se convierte en un espacio de vital importancia, ya que permite pensar colectivamente. A menudo, para que funcione mejor, hay que usar otras estrategias previamente —como talleres en los que podamos asegurarnos la participación de todos los miembros de la comunidad—, donde aflorarán las primeras ideas. Estas propuestas pueden ser compartidas a través de uno o varios portavoces por cada grupo o colectivo, dependiendo del tamaño del número de personas que formen parte de la IAP.

La toma de decisiones no debe hacerse de forma precipitada, y debe constituir un momento de diálogo sosegado y constructivo en el que se ponen en relación los saberes del alumnado, las familias, el profesorado y cualquier otro colectivo implicado en el proceso. En cualquier caso, la relevancia de hacer un diálogo tranquilo no puede significar que no pongamos límites, tanto a la participación —hay que tener cuidado con el modo en que la palabra es tomada, equilibrando también el poder en el diálogo con los turnos de palabra— como a la extensión; es recomendable establecer unos tiempos para que no se eternice. Se trata de encontrar un equilibrio entre habilitar espacios para la participación y la toma de decisiones y ejercitar la operatividad del grupo. Es decir, las sesiones de trabajo en la IAP tienen que llevarnos al objetivo que nos hemos planteado afrontar. En el caso del momento de diseño del plan de actuación, la asamblea tiene que finalizar con los compromisos a los que llegamos.

A su vez, las acciones que decidamos deben ser elegidas de acuerdo con las posibilidades del grupo de personas que las desarrollará. Aunque es lógico querer ser ambiciosos, a menudo es mejor tomar decisiones que proyecten un trabajo posible y llevadero que uno que pueda acabar en la frustración del grupo. Es importante que los y las participantes —particularmente en los primeros ciclos de IAP— sientan su capacidad de construir juntos y de solucionar problemas, más incluso que intentar grandes empresas. La capacidad para resolver esos proyectos más grandes y complejos también se construye con el tiempo, con la ejercitación paulatina de nuestras habilidades colectivas.

Por último, es necesario tener siempre presente que la propuesta de trabajo tendrá como objetivo la mejora del contexto, de las relaciones, de la metodología y de cualquier elemento que pueda ser entendido como un obstáculo a la participación y el aprendizaje. El enfoque ha de ser sistémico, pero esto no quiere decir que obviemos las particularidades de cada uno de nosotros y nosotras. Pretendemos dar respuesta a la diversidad desde contextos amables, respetuosos y accesibles para todas las personas, sea cual sea su peculiaridad. En este sentido, las propuestas del grupo no irán nunca dirigidas a una persona en concreto, pues cuando mejoramos los sistemas lo hacemos para todos y todas nosotras.

6.5. Fase de intervención: transformando el aula

Ha llegado el momento de la acción, vamos a tratar de poner en marcha lo que hemos diseñado junto a la comunidad del aula para abordar el problema inicial, que ha sido reconfigurado, vuelto a diagnosticar, dialogado y analizado.

Imaginemos, por ejemplo, que hemos planteado el desarrollo de clases con una mayor participación de todo el alumnado. Esto conllevará no solo hacer cambios en el diseño de una o varias lecciones, sino en el rol que el alumnado y otros agentes pueden tener en la misma, la revisión de la forma en que entendemos que se produce el conocimiento, el papel de los materiales de apoyo, el desplazamiento de materiales como el libro de texto, la construcción de actividades útiles a esta forma de entender la enseñanza y el aprendizaje, etc.

Para su desarrollo, es importante que toda la comunidad tome la iniciativa, es decir, que no se descargue la responsabilidad solo en el equipo docente, sino que el alumnado y las familias puedan ocupar su espacio y formar parte de la solución. Esta es una de las grandezas de la investigación acción participativa: aunque sea un docente el que inició la demanda, toda la comunidad participa en la deconstrucción del problema inicial, toda ella analiza lo que ocurre y también es toda la comunidad la que la trata de encontrar y desarrollar las soluciones. Entonces, los problemas no son ajenos, ni tampoco las soluciones. A la vez, se le está dando una solución social a un problema que por fin se ha entendido como social: no es un problema de un niño o una niña, sino del contexto social que conforma el aula.

Para que todo el proceso pueda constituir no solo una nueva práctica, sino parte de un proceso de investigación que nunca acaba, es importante que vayamos tomando registro de lo que ocurre en el aula, de los procesos de cambio, las dificultades, las nuevas emergencias, los resultados que obtenemos —académicos, sociales, emocionales—, etc., y, todo ello, teniendo en cuenta las perspectivas de todos los sectores que habitan el aula. Nos interesa qué vive el alumnado, pero también el profesorado y las familias, porque pretendemos que la clase se vaya llenando de vida. Para ello, hace falta constatar con evidencias lo que ocurre, y lo podemos hacer, de nuevo, a través de diferentes estrategias de recogida de información: entrevistas, talleres, un cuestionario, registrar las diferencias en las calificaciones, en la asistencia, en la atención, etc. De nuevo, no se trata de inundarnos en información, sino de ir recogiendo, por ejemplo, semanalmente, datos que nos ayuden a saber qué tal va el proceso de implementación del plan de acción, tomar decisiones para encauzar aquello que no está funcionando bien y poder entender más adelante cómo y por qué han ocurrido las cosas así. Son particularmente valiosos todos los procesos de recogida y registro de la información que lleven consigo una interacción de varios participantes entre sí, y más aún cuando no tienen demasiada relación. De la misma forma, y muy rápidamente, al final de la semana puede contarse algo de la información recabada en la semana anterior. Esto no tiene que llevar más de 5 o 10 minutos, y puede ser compartido por alguien del GIAP.

La recogida de evidencias nos permitirá hacer que nuestra experiencia no se quede solo en nosotros y nosotras, sino que pueda ser compartida con otros compañeros y compañeras y con otras escuelas. En esta tarea, el registro con videocámara —no de todo lo que hacemos, sino de algunos momentos representativos de la acción desarrollada— es de especial utilidad porque sirve para revisar y rememorar prácticas, desmontar posiciones pesimistas e incrédulas, compartir las experiencias con la comunidad del aula y del centro… Todo ello ofrece grandes oportunidades de transferencia de los saberes generados y las prácticas construidas.

Por último, es importante destacar que lo más importante del proceso de investigación-acción viene justamente de eso, del proceso llevado a cabo, y no solo de un proceso dirigido a un fin particular —ese que ha ido evolucionando como foco del ciclo—, sino de lo que está ocurriendo mientras perseguimos esas mejoras. Como en esa célebre idea atribuida a Cervantes: «Es más importante el camino que la posada». Es ese proceso de estar con las otras personas, mirándolas de otra manera, construyendo una nueva forma de entender la vida (escolar), la educación, las relaciones sociales y la cultura, lo que está siendo realmente significativo y valioso. Es importante —no seremos ingenuos— la efectividad de lo realizado, constatar que mejoran los aprendizajes y las relaciones. Pero también es importante dejarse influir por la construcción que está aconteciendo en el proceso, donde se redefinen los límites, se redimensiona lo legítimo y se cuestionan los valores que se dan por seguros e inamovibles en las escuelas, devolviéndonos a las preguntas esenciales: ¿qué aprendizajes permanecen? ¿Qué necesita mi alumnado? ¿Qué es educar? ¿Qué podemos hacer para que todos y todas vayan creciendo? ¿Cómo favorecer el papel educativo de la escuela? ¿Cómo damos pasos, desde ya, para ir creando una sociedad en la que nadie sobre?

Estas y otras muchas preguntas substanciales van emergiendo a medida que se inician las conversaciones, las entrevistas, los debates, las asambleas. Brotan de las palabras —aparentemente ingenuas, pero enormemente informadas— del estudiantado, las familias y el profesorado cuando se producen procesos de comunicación real. Cuando conversamos sobre algunas cosas de las que, sin saberlo, nunca se nos permitió hablar. Cuando se habla de lo prohibido, lo que necesariamente trae consigo la exposición de dolores que hemos estado negando; pero también emergen placeres, muchos de los que también se niegan en las escuelas. Placer de sentirnos queridas como personas. Placer por aprender, algo que se distancia tanto en las escuelas. Placer, al fin, por aunar vivir y aprender. Que lo que se aprenda sea importante para la vida, para mejorarla, y que tenga sentido para la persona que lo aprende y para quienes están a su alrededor. Y esto, que es tan concreto y siempre es mejorable, supone el gran paso hacia la escuela que soñamos. Esta clase, esta escuela, esta gente.

PROYECTO DE DOBLAJE

David G. Gándara, orientador

Las niñas y los niños de la clase miran la pantalla atentos. Hacía tiempo que su maestra no los veía tan pendientes de la pantalla. Veían una película de dibujos animados. Ni en esta situación solían mostrarse tan interesados. Pero esta vez era diferente. Las voces con las que hablaban los personajes eran las suyas. Llevaban unas semanas haciendo este trabajo, después de recibir una carta donde una importante compañía les pedía que restaurasen las voces perdidas de la película.

Habían preparado el guion, habían practicado sus frases, dibujado a los personajes, calculando los segundos que duraba cada frase. Para ello habían tenido que movilizar la competencia lingüística, la artística, la matemática. También habían desarrollado su propio plan de trabajo para poder participar en la grabación. El plan de cada uno era diferente. En unos casos habían hecho restas sin llevadas, en otros con llevadas. En unos casos habían escrito frases, en otros habían repasado letras. Pero todo el mundo completó su plan de trabajo para preparar la grabación. En la grabación, algunas tuvieron que repetir muchas veces, otras tuvieron que repetir menos. Una niña en concreto consiguió que la primera toma fuese perfecta. La niña de la que tanta gente opinaba que debería ir a aprender a otra aula, o incluso a otro colegio, porque nunca podría aprender como los demás, porque no hablaba. Pero ese día habló. No como algunas personas esperaban que hablase. Quienes quisieron escuchar, ese día comprendieron que hay muchas formas de hablar. Su frase era un simple «¡Ba!», pero en realidad fue la niña que mostró la mejor competencia lingüística. Porque era la que tenía todo el contexto en su contra.

La intervención que se esperaba cuando se pidió una propuesta del departamento de orientación era muy distinta. Probablemente se esperaba una simple receta con el número de horas para estar en otra aula, pero las «intervenciones» no deben ser para el profesorado, sino para el alumnado.

6.6. Fase de evaluación: ¿qué hemos aprendido y qué queda por aprender?

Entender la evaluación psicopedagógica como una investigación-acción participativa supone que esta debe finalizar con un proceso de evaluación. Esta tarea nos permite conocer en qué medida hemos dado respuesta a la situación problemática, si los métodos, estrategias y técnicas empleadas para recoger y analizar la información han sido adecuados y qué impacto está teniendo nuestra investigación sobre el aula, la escuela y la comunidad. Del mismo modo, nos permite analizar elementos o situaciones emergentes que pueden ser susceptibles de un nuevo ciclo de investigación.

Podemos utilizar distintas estrategias y técnicas para la evaluación del proceso. A continuación, mostraremos varias posibilidades, de las que se puede utilizar una o la combinación de varias de ellas, dependiendo del caso. Incluso, en algún caso, con tan solo la información recabada durante la implementación del plan de acción se puede hacer una más que suficiente evaluación del ciclo. En ese caso, la organización de la información y una buena discusión del GIAP puede bastar para llegar a conclusiones claras de lo que ha funcionado y lo que no, los logros obtenidos y lo que falta por hacer. Así, lo que quedaría por hacer, una vez se ha llegado a conclusiones fundadas en la información recabada durante el desarrollo de la intervención, es organizar un momento en el que compartir con toda la comunidad participante esas conclusiones. De la discusión después de la presentación a la comunidad debería emerger un nuevo foco de estudio para el próximo ciclo, y esto constituiría el punto y seguido de la IAP.

Pero la evaluación puede también significar un momento particularmente valioso desde el punto de vista educativo. Por ello, no contentarse con esa información y la gestión de la misma por el GIAP puede abrir el proceso a una profundización en los logros, dificultades y propuestas. Animamos a un último empujón, que cada cual llevará hasta donde considere oportuno. No hay una única forma de resolver esto, y quizá ahí radique parte del valor de una propuesta como la que aquí planteamos. Con esta pretensión, recomenzamos de nuevo otra posibilidad algo más compleja de evaluación del ciclo, compuesta por varios escalones. Dependiendo de los intereses del ciclo, podéis tomar uno, dos o tres de estos pasos. Por supuesto, son pasos a los que se les añade al final el análisis de la información ya recabada que gestionará el GIAP.

Como una posibilidad bastante sencilla, podemos pasar un breve cuestionario que nos sirva para recoger rápidamente la información que más nos interesa. Quizá algo enfocado a constatar la consecución o no de aquello que perseguíamos, que podría nutrir la evaluación elaborada desde el GIAP. Recordemos que un cuestionario es más manejable y ágil cuanto más sencillo y más cerradas son las preguntas. En la medida en que las preguntas son de respuesta abierta, la herramienta se convierte en cualitativa y más compleja. Ambas tienen utilidad para evaluar el desarrollo de la IAP, pero cada una tiene un enfoque diferente. Es posible que una buena forma de iniciar la evaluación sea de tipo más cuantitativo, recogiendo la información numérica de la que ya disponemos (como la evolución de las calificaciones o de los problemas de disciplina, por ejemplo) y combinándola con un brevísimo cuestionario de tres o cuatro preguntas de respuesta cerrada que hagamos llegar a familias, estudiantes y profesorado. Esto da una mirada superficial a la realidad, pero muy rápida y representativa, y a menudo sirve para mostrar la eficacia de la propuesta llevada a cabo. Esto no debería centrar nuestro análisis, pero también es cierto que la IAP tiene que convertirse en una herramienta que desplace las anteriores prácticas de evaluación psicopedagógica llevadas a cabo en el centro. Es decir, debe mostrar su capacidad de mejora, de modo que tanto el equipo docente que ha participado en ella como el resto de profesionales del centro puedan comprobar que «merece la pena» la inversión de tiempo y esfuerzo desarrollada, también en los términos que establece la institución. En cualquier caso, insistimos en que quedarnos en el estrecho marco de análisis hegemónico de la escuela, obsesionado por la eficiencia (Gimeno, 2021), deja de mirar la realidad humana y el hecho educativo en su naturaleza compleja e incontrolable, con sus repercusiones a medio y largo plazo —y no solo en las manifestaciones simples e inmediatas—, que tienen que ver con algunos de los más valiosos avances de nuestra humanidad que requieren el deleite, la improductividad e, incluso, la inutilidad (Skliar, 2019). Por otra parte, lo más genuino de los procesos educativos no es susceptible de medida. Sostener esto es una importante forma de resistencia a las prácticas habituales de evaluación psicopedagógica a las que pretendemos responder.

Otras estrategias de recogida de información para llevar a cabo nuestra evaluación del ciclo, y que pueden muy bien combinarse con esa primera aproximación cuantitativa, son las dirigidas a saber las opiniones particulares de algunas personas que han sido testigos y partícipes del proceso: desde una breve entrevista a una estudiante, un docente o una madre, por ejemplo, hasta conversaciones más o menos formales con personal de conserjería, limpieza, etc. que nos cuenten si han percibido algún cambio durante el tiempo del desarrollo del ciclo. Tomamos nota de las ideas principales que nos cuentan y hemos registrado así una colección de percepciones personales sobre el proceso. En este caso no pretendemos la representatividad (como ocurre con una herramienta estadística), sino profundidad en las explicaciones y análisis, en las experiencias, y no solo en los hechos. Por tanto, no hay que pretender entrevistar a mucha gente, sino a algunas personas que nos muestren sus percepciones, experiencias y argumentaciones, a modo de «cata». Queremos saber cómo se ha vivido. Estas entrevistas o conversaciones pueden llevarse a cabo, al igual que en todo el ciclo, por cualquier participante. Como siempre, cuanto más variados sean los agentes y los informantes, mejor.

Por último, vamos a hacer hincapié en los análisis más participativos. Con esto nos referimos a la puesta en común de las percepciones personales, que, al conversarse con otros miembros de la comunidad, son enunciadas, matizadas y reformuladas en un proceso de interacción que nos permite ir construyendo una evaluación colectiva. Para esto, el análisis DAFO (cuyas siglas corresponden a las palabras debilidades, amenazas, fortalezas y oportunidades) puede resultar una técnica muy útil por su sencillez y operatividad. Mediante este podemos identificar dificultades encontradas, aciertos y errores cometidos, así como los peligros que puede correr la investigación, además de las propuestas de mejora.

DEBILIDADES	AMENAZAS
FORTALEZAS	OPORTUNIDADES

La matriz DAFO nos ayuda a organizar la información que generan los y las participantes en relación con la valoración negativa (primera fila) o positiva (segunda fila) que la comunidad hace respecto a las acciones desarrolladas y el proceso, y al presente (primera columna) o futuro (segunda columna), lo que permite enfocarse en la mejora.

Dependiendo de los pasos previos realizados —análisis de la información de la intervención hecha por el GIAP, resultados de cuestionarios y/o conclusiones de las entrevistas—, antes de proceder a formalizar el DAFO, deberíamos hacer una exposición de lo recabado hasta el momento. Esto ofrecerá un contexto a este momento participativo.

La práctica de la técnica DAFO no requiere apenas preparación: se puede dibujar la matriz en una pizarra e ir apuntando en ella lo que la comunidad, en asamblea, va compartiendo. Dependiendo de lo habituados que estén a participar, quizá sea importante dejar un primer momento para la reflexión individual y en pequeños grupos para que todas las personas vayan anotando y compartiendo sus planteamientos y argumentaciones. Más tarde, pueden llevarse a la asamblea, y es en ese momento que se llevan las ideas a la pizarra o a un papelógrafo. En cualquier caso, el resultado final debe ser fotografiado para no perder la información recabada. Se trata de una forma sencilla de sistematizar la evaluación de la comunidad.

El proceso no debe ser solo un acto de registrar lo ocurrido, sino una oportunidad para debatir sobre ello. Por tanto, cada vez que se emite una opinión debe abrirse el proceso de debate para que otras personas puedan avalar, contrastar, cuestionar o modificar el planteamiento inicial. A veces es posible llegar a acuerdos frente a dos ideas diferentes planteadas por varios actores; otras, no hay una única interpretación de esa realidad. Por ejemplo, puede ser que para alguien se haya perdido el tiempo, mientras que para otra persona ese tratamiento del tiempo ha resultado ser un valor del proceso. En tal caso, y si no llegan a un consenso, se anotarán ambas interpretaciones en dos cuadrantes diferentes. Esto da muestra de la complejidad social que implica el hecho educativo y el avance hacia escuelas más inclusivas que se nutren de las diferencias. Estas son parte de esas diferencias.

El momento de la evaluación debe servir para revisar los procedimientos que hemos llevado a cabo, la información recabada en el proceso de implementación del plan de acción y favorecer que la comunidad del aula pueda contribuir a hacer un análisis participativo de lo ocurrido. En este momento, queremos hacer análisis que traten de pensar qué ha ocurrido, qué ha cambiado en el proceso y qué ha sido resistente al mismo.

Entre las cosas que revisar, aquí van algunas orientaciones. El proceso crecerá y será más inclusivo si:

* Aborda la mejora en **los procesos de análisis de la realidad, la capacidad de acción colectiva y la divulgación** de lo que hemos aprendido.

- Incorpora la inquietud por las **evidencias científicas** que sustentan lo que hacemos —no solo las que ya hay en la literatura científica, sino las que somos capaces de generar—, se adentra en el **terreno práctico** —lo que implica hacer posible o traducir los hallazgos científicos en construcciones socioeducativas— y lo hace converger con **lo artístico**, que facilita la incorporación de las diferencias.
- Consigue hacer **análisis y propuestas prácticas interseccionales**, es decir, en las que se abordan las distintas diferencias que son oprimidas en las escuelas: clase social, género, nacionalidad, raza y etnia, capacidades, salud, ruralidad, orientación afectivo sexual, etc. Las propuestas más avanzadas consiguen trascender estas y otras categorías para desarrollar prácticas muy inclusivas, en las que todo el alumnado se siente parte valiosa y aprende.
- Trabaja en los niveles estructural (referido a la cultura escolar, las políticas y micropolíticas que la dominan, el sistema escolar más amplio), **relacional** (en las metodologías, entre aulas, docentes, comunidad escolar, centros, entorno del centro…) y **personal** (referido a los cambios en el compromiso, en las ideas, emociones, intereses, etc. de las personas que han participado en la IAP).
- Consigue conectar lo que ocurre dentro del aula con lo que pasa en el mundo, haciendo realidad la **combinación de lo local y lo global**, lo que implica una acción más resistente y un análisis más crítico de lo que ocurre en la escuela.
- **Transforma las relaciones de poder.** Esta es una clara evidencia de la capacidad crítica de las acciones emprendidas. Un proceso de IAP debe llevarnos a revisar esas relaciones de poder que existen en las escuelas a través de la revalorización de la voz del alumnado, la capacidad de acción de las familias, la resignificación de la función y el margen de maniobra de los y las profesionales, etc. También de lo que se considera como algo realizable o dentro de las capacidades de influencia del colectivo. Una IAP crítica es aquella en la que los participantes aumentan su agencia, su capacidad de transformación de las condiciones estructurales.

No se trata de una lista que hay que completar. Digamos que a medida que la investigación va avanzando, también iremos avanzando en estos planos que acabamos de mencionar. Pero no hay un nivel en el que ya podemos decir esta práctica es inclusiva. Nunca lo será del todo, como tampoco será del todo excluyente. Es un camino que hay que ir transitando y que debe ser sostenido en el tiempo. Por tanto, el procedimiento señalado en estas páginas es una herramienta que debe ayudarnos en ese camino. Por eso animamos a utilizar lo que sirva, a prescindir de lo que pueda entorpecer el camino y a compartir con nosotros vuestras experiencias. Porque el cambio educativo no deja de ser un proceso de aprendizaje, y eso se nutre, necesariamente, de las diferencias.

Por ello, compartir lo hecho vuelve a ser uno de los actos educativos e inclusivos de mayor calado. Necesitamos aprender de las experiencias de otros compañeros y compañeras que están en el tránsito entre las certezas que nos mantienen en la inequidad y la exclusión y las incertidumbres que se abren a la esperanza por una escuela y sociedad que valore a cada cual como el ser humano irrepetible que es. En este sentido, el acto de compartir la experiencia desarrollada es un acto de «amor al mundo», como diría Hannah Arendt (1996), en el que nos sentimos también responsables de lo que ocurre a los demás y que, no hace tanto, nos parecía inamovible.

UN VIAJE INTENSO, RETADOR Y PROFUNDAMENTE TRANSFORMADOR

Susana Pérez Vilariño, asesora externa

La IAP que hemos desarrollado este curso nos permitió romper con la lógica tradicional de intervención vertical y asumir un rol más horizontal, donde las personas participantes –estudiantes, familias, profesionales y miembros de la comunidad– pasaron a ser sujetos activos y protagonistas del cambio y no objetos de diagnóstico, de solidaridad o, simplemente, sujetos pasivos que se dejan hacer por otros que son «expertos».

Uno de los aprendizajes más importantes ha sido reconocer y sostener los conflictos que han emergido en el camino. No han sido pocas las situaciones difíciles, sin embargo, como el cauce de un río que busca el mar, han encontrado la manera de fluir hacia la justicia social. De manera natural se ha ido colocando cada cosa en su lugar sin necesidad de unos que dominen o se impongan por encima de otros, sino que cada persona ha ido sumando, aportando su visión, construyendo con su relato, el relato colectivo sobre cada realidad que allí estaba emergiendo.

Personas que llevaban años haciendo camino, con el convencimiento de la experiencia, han sentido que sus huellas eran cuestionadas, como si lo logrado hasta ese momento no fuera valioso. Pero justamente ahí reside el valor del proceso, en atrevernos a revisar lo que siempre hemos hecho, a pesar de dar sentido a tu vida y a tu identidad profesional. El proceso no anula eso, sino que lo enriquece y lo hace avanzar.

Desde dentro, con frecuencia, asumimos que las situaciones de exclusión se generan desde fuera, que la sociedad es culpable, pero poco se habla de cómo somos cómplices, sin quererlo, de ese proceso, sosteniendo y perpetuando un modelo de atención precario, capacitista, y segregador, por mucho que la filosofía que nutre nuestras actuaciones asuma los principios de la inclusión. Hemos comprendido que los procesos de exclusión se inician desde muy temprano, en los espacios educativos de manera sistemática y legitimada, y se cronifican en el tiempo, el miedo, la culpa, la sobreprotección de las familias cuando perciben las dinámicas de exclusión en la escuela, y, con el tiempo, en el resto de ámbitos de la vida; el rechazo del resto de estudiantes, después adultos; la organización espaciotemporal en ambientes separados; la ineficacia en la previsión y organización de los recursos, siempre insuficientes y asociados al abordaje de diagnósticos; la incomprensión del concepto de diversidad o el de inclusión; la falta de conciencia y responsabilidad del colectivo docente en esas dinámicas de exclusión... todo este sistema de pensamiento y acción acaba provocando la muerte social de una parte de la sociedad, como si eso estuviera bien hecho por ser lo habitual.

Pero ha sido mucho más impactante ver cómo los estudiantes han decidido desmontar esas certezas. Su valentía ha sido una sacudida necesaria:

> La profe de PT no lo trata bien, dice que hasta que no pronuncie bien no podemos hablar con él (Rosa, estudiante).

> ¿Y qué pasa cuando está en el aula de apoyo? Allí no podemos verlo, ni ayudarlo (Jose, estudiante).

> ...En asignaturas donde nos juntamos dos clases, estamos todos los alumnos en el lado de la pizarra del aula, y a mis dos compañeros con discapacidad les mandan sentarse en una esquina de la clase con la profesora de PT, haciendo algo que no tiene nada que ver con la clase. Yo creo que esto es un perfecto caso de exclusión (Óscar, estudiante).

Ellas y ellos sí han asumido responsabilidades en la convivencia, en los cuidados, en el amor por la diversidad, por sus compañeros y compañeras, por sus amistades:

Vine aquí [al grupo motor de la IAP] para ser mejor amiga (Rosa, estudiante).

Tenemos que hablar con los padres porque los tratan como niños pequeños (Juan, estudiante).

Hay demasiadas etiquetas que clasifican e individualizan (Saila, estudiante).

Así, este proyecto ha permitido visibilizar las múltiples formas de exclusión de las que somos parte, revelando la necesidad urgente de generar estructuras y dinámicas sociales más inclusivas. El testimonio directo de familias, profesionales, estudiantes y personas del entorno comunitario ha removido conciencias y aportado una mirada crítica y honesta sobre las contradicciones del sistema y sobre los caminos aún por construir. Y eso ha permitido cambiar actitudes de las que no éramos conscientes:

Me siento más incluida, se nos toma en cuenta en decisiones importantes (Carmen, estudiante).

Me incluyen en las conversaciones (Juanjo, estudiante).

Por otra parte, el proceso de construcción colectiva vivido ha resultado fascinante. En las reuniones del grupo motor se escuchaban expresiones como «Aquí hay una gran familia, pero no nos damos cuenta», destacando el valor del proceso en la convivencia, o «Estamos cambiando el mundo», evidenciando la capacidad transformadora de la IAP. En cada reunión, aun respirando la tensión del conflicto que emergía de nuestros muros, se palpaba también la ilusión del encuentro, en mí y en todas las personas que, sin saberlo al principio, comenzamos un proceso de transformación radical. De ahí nuestra decisión por replicar el proceso en otras escuelas y contextos, algo que ya está ocurriendo en otra ciudad con el apoyo y colaboración de nuestros profesionales. Y hemos articulado un plan de acciones que mantiene viva la reflexión y la defensa de los derechos humanos.

Pero los cambios que hemos vivido no solo han sido colectivos, también han sido personales. Para mí, este proceso ha sido como un salto al vacío, al vértigo de no saber qué va a pasar, pero también un salto hacia lo posible, hacia un horizonte donde la educación sea verdaderamente inclusiva, humana, colectiva y transformadora.

Quizá el mayor logro es haber plantado una semilla de pertenencia, de justicia, de deseo de seguir caminando juntas, continuando un proceso de transformación que va mucho más allá de las personas nombradas por la discapacidad. Se ha convertido en una inquietud social y en un movimiento comunitario. A pesar de las dificultades encontradas, se han alcanzado los fines fundamentales propuestos. El proceso ha fortalecido la identidad colectiva del grupo y ha favorecido el reconocimiento mutuo. Extraordinario.

7. En síntesis

Como hemos venido mostrando a lo largo del libro, la educación inclusiva debe ser más que un deseo. Es urgente y necesario que se trabaje por ir construyendo una escuela en la que todo el alumnado pueda estar, aprender, participar y, por ende, convivir y desarrollarse en colectividad. Esto implica un cambio de la mirada y la posición del que mira. Exige dejar de entender que hay niños y niñas con problemas para comprender que hay situaciones problemáticas ante las cuales debemos sentirnos interpelados porque formamos parte de ellas.

El enfoque que tradicionalmente se ha venido dando en la evaluación psicopedagógica se inserta en lógicas psicologistas, patologizadoras e individualistas, que poco o ningún espacio dejan a lo educativo. Además, esta práctica orientadora no solo no es pedagógica, sino que supone un obstáculo al desarrollo de los niños y las niñas tanto en la dimensión intrapersonal como en la interpersonal.

Se han presentado argumentos y fundamentos legales, éticos y científicos que nos obligan a buscar alternativas a lo que se viene haciendo mayoritariamente desde el enfoque clásico de la orientación escolar. Algunas de las ideas fundamentales que apuntalan este planteamiento son:

1. El ser humano es diverso por naturaleza, por tanto, la diversidad es condición de lo humano, debiendo entenderse esta como una riqueza a celebrar. Ningún ser humano es insuficiente o deficiente.
2. La normativa internacional y las principales leyes orgánicas de nivel estatal exigen prácticas y procesos inclusivos en la escuela.
3. Desde el punto de vista educativo, todo el alumnado, sin excepción, se ve beneficiado de la convivencia con el resto, independientemente de cual sea la condición de cada uno.

La evaluación psicopedagógica debe ponerse al servicio de la escuela inclusiva. Esto exige transformaciones tanto en el papel que juega la orientación como en los procedimientos y procesos de evaluación psicopedagógica. En este sentido, la propuesta que presentamos persigue aportar algunos elementos para ayudar a la democratización de la escuela desde la orientación escolar. Esto se traduce, principalmente, en una mayor participación por parte de los diferentes actores que se dan cita en la escuela, especialmente aquellos que menos poder han tenido históricamente: alumnado y familias. Esto exige abandonar el modelo experto y entender que el papel de la orientación en la evaluación psicopedagógica pasa por facilitar procesos participativos (European Agency for Special Needs and Inclusive Education, 2018), lo que nosotros hemos encauzado a través de la investigación acción participativa.

Lo interesante de esta propuesta es que la transformación de los procesos y contextos en la escuela llega de la mano de la comunidad educativa al completo, promoviendo espacios de participación en los que la comunidad educativa investiga para dar respuesta, desde un papel activo, a aquellas necesidades que se hayan podido detectar, diseñando y desarrollando propuestas de mejora. Estas propuestas nacen de la necesidad compartida de todos y todas, así como de un proceso que pretende horizontalizar el análisis y la toma de decisiones en el cual alumnado y familias tienen un papel central, junto al profesorado y resto de actores. La IAP pone en el centro el sentido social de la escuela, generando posibilidades para la participación de todas las personas.

La propuesta que hemos presentado se compone de seis fases que conforman un ciclo de IAP. A cada ciclo le sucederá el siguiente a modo de espiral, desarrollándose en cada uno diferentes problemáticas que captan el foco de la comunidad. Las fases de las que se compone cada ciclo han sido diseñadas en forma de pasos sencillos, aunque albergan la complejidad:

- **Paso 1: demanda.** Partiendo de las demandas habituales que recibimos, este paso consiste, esencialmente, en un proceso de escucha atenta y una toma de conciencia. Entender que los problemas que tradicionalmente hemos atribuido a los cuerpos de los niños y las niñas, bajo la lógica de la normalidad, tienen en realidad una naturaleza social. Supone repensar el propio sentido de la escuela y qué posición queremos ocupar frente a este: ¿deseamos una escuela para todas y de todas las personas, que respeta y valora la diversidad y que pone en el centro al alumnado?
- **Paso 2: análisis conjunto.** Este paso se centra en transformar la demanda de lo individual a lo social y de lo personal a lo contextual. No se trata de «mirar» a nadie en concreto, consiste en entender que estamos ante una situación compleja que dificulta los procesos educativos de la clase o el centro. Nadie en concreto tiene un problema, sino que todos y todas estamos ante una situación problemática. No es el alumno el que tiene una necesidad específica de apoyo educativo, sino que estamos ante la necesidad de repensar los contextos y los procesos para

que den cabida a todo el alumnado, sin excepción. Para ello, es posible que debamos «traducir» la situación para que podamos entenderla desde el modelo social.

- **Paso 3: diagnóstico participativo.** Una vez revisado el enfoque hacia el contexto y sus barreras, es hora de evaluarlo colectivamente. Para ello, proponemos dinamizar con una serie de preguntas, cuyas respuestas inician un diálogo entre alumnado, docente y orientador/a, tratando de indagar y profundizar sobre las palabras del alumnado. En esta tarea, el uso de talleres permite a los distintos actores iniciarse en el análisis para mejorar la realidad que entre toda la clase se ha ido cuestionando y que ya no está centrada en una persona. A continuación, habrá que recabar información sobre el foco elegido, y ya no es el docente ni el orientador quien tiene que hacerlo, sino el propio alumnado, que poco a poco puede ir incorporando también a las familias, a otros docentes, a otros estudiantes del centro, etc.

- **Paso 4: diseño de intervención.** Es la construcción de una propuesta para responder a la situación previamente analizada. El grupo de investigación acción participativa (GIAP) juega un importante papel, pero como herramienta para que sea todo el colectivo el que tome las decisiones sobre lo que se debe hacer. En las ideas planteadas por la comunidad y recogidas por todos los actores para hacer el diagnóstico de la situación, también van emergiendo posibles soluciones. Una vez se han identificado las principales propuestas, es el momento de abrir el debate a modo de lluvia de ideas que permita abrir nuevas propuestas de acción, ya que en este momento podemos tener una mirada más amplia sobre la realidad estudiada.

- **Paso 5: intervención para transformar el aula.** Una vez diseñado el plan, se ponen en marcha las soluciones propuestas. Esta puesta en marcha debe ser compartida, trabajando juntos alumnado, profesorado y familias, recabando evidencias para hacer un seguimiento del proceso. Esto permitirá que la propuesta sea compartida con otros compañeros y compañeras, además de poder ser analizada para conocer el alcance del ciclo de investigación acción y darle continuidad.

- **Paso 6: evaluación.** Este paso finaliza el ciclo, pero que a la vez pone en marcha el siguiente. Consiste en evaluar participativamente el proceso vivido, entender qué hemos hecho bien y qué es mejorable, así como tomar consciencia de lo que hemos aprendido o «solucionado» y lo que aún debe seguir siendo trabajado.

La educación inclusiva requiere de la participación de la comunidad e implica el cuestionamiento del «orden natural de las cosas», porque no es natural, sino socialmente construido. Un proceso genuinamente inclusivo tiene que abrir la mirada y transformar nuestras posiciones, lo que requiere, necesariamente, del concurso de las voces que han sido sistemáticamente ignoradas. Esta ruta que hemos preparado para revisar la evaluación psicopedagógica, que en la actualidad constituye una clara barrera al avance inclusivo de nuestras escuelas, pretende facilitar ese proceso. Una serie de pasos que nos ayudan a salir del sentido común que se ha creado ignorando a ciertas personas y colectivos. Que lo hacen colectivamente, lo que permite ir mucho más allá de esas personas, recualificando el aula para todos y todas. Y que, con todo ello, resignifica el sentido de la escuela, de la educación y de las diferencias.

La orientación escolar tiene un importante papel en la reconfiguración de nuestros sistemas educativos, pero necesita revisarse profundamente. Salir del cuestionamiento fácil del eslabón más débil, de quien está en la picota de los procesos de exclusión escolar. Pero esta tarea no se puede afrontar en soledad. Necesita del profesorado, que forma parte fundamental de la solución, y que debe sentir la compañía del equipo de orientación en este giro que estamos iniciando; necesita de las familias, que han de volcar sus saberes en lo que como profesionales desconocemos; pero, sobre todo, requiere de la implicación activa del alumnado, que es la llave del proceso. Es el aprendizaje intergeneracional que se puede producir ahí, al volcarnos para aprender del alumnado, el que Fielding (2018) denomina «democracia vivida»: un espacio en el que compartimos la responsabilidad por un bien común. Esto persigue la educación inclusiva, que es un proyecto colectivo que se empeña en eliminar cualquier restricción a esa idea de «bien común».

8. Bibliografía

Ainscow, M. (2007). Taking an inclusive turn. *Journal of Research in Special Educational Needs, 7*(1), 3-7. https://doi.org/10.1111/j.1471-3802.2007.00075.x

Ainscow, M. (2020). Promoting inclusion and equity in education: lessons from international experiences. *Nordic Journal of Studies in Educational Policy, 6*(1), 7-16. https://doi.org/10.1080/20020317.2020.1729587

Ainscow, M., Booth, T., Dyson, A., Farrell, P., Frankham, J., Gallannaugh, F., Howes, A. y Smith, R. (2006). *Improving schools, developing inclusion.* Routledge.

Alba Pastor, C. (2016). *Diseño Universal del Aprendizaje: Educación para todos y prácticas de Educación Inclusiva.* Morata.

Arendt, H. (2016). *Entre el pasado y el futuro. Ocho ejercicios sobre la reflexión política.* Ediciones Península.

Augé, M. (1993). *Los no lugares.* Gedisa.

Australian Research Alliance for Children & Youth (ARACY) (2013). *Inclusive education for students with disabilities: A review of the best evidence in relation to theory and practice.* ARACY. https://doi.org/10.13140/RG.2.1.4255.8166

Calderón Almendros, I. (2014). *Educación y esperanza en las fronteras de la discapacidad.* Cinca. https://minifi.ca/rthMo

Calderón Almendros, I. (13 de junio de 2018). *Segregar por discapacidad a la infancia es violar los derechos humanos.* Agencia SINC. https://bit.ly/2MpgBuH

Calderón-Almendros, I. (2018). Deprived of human rights. *Disability & Society, 33*(10), 1666-1671. https://doi.org/10.1080/09687599.2018.1529260

Calderón-Almendros, I. y Habegger Lardoeyt, S. (2012). *Educación, hándicap e inclusión. Una lucha familiar contra una escuela excluyente.* Octaedro.

Calderón-Almendros, I., Moreno-Parra, J. y Vila-Merino, E. (2024). Education, power, and segregation. The psychoeducational report as an obstacle to inclusive education. *International Journal of Inclusive Education, 28*(11), 2424-2437. https://doi.org/10.1080/13603116.2022.2108512

Calleja, A., Calderón, I. y Ruiz, C. (2015). Terminar con el apartheid educativo. *Cuadernos de Pedagogía, 461,* 72-74.

Cara, M. (2013). Academic and Social Outcomes of Children with SEN in the -General Education Classroom. *Journal of Educational and Social Research, 3*(7), 90-99. https://doi.org/10.5901/jesr.2013.v3n7p90

Colectivo Estudiantes por la Inclusión, Calderón Almendros, I., Mojtar Mendieta, L. V. y Cabello Fernández-Delgado, F. (2021). *Cómo hacer inclusiva tu escuela*. Ministerio de Educación, Formación Profesional y Deportes. https://doi.org/10.4438/LADA048_2024

Cologon, K. (2019). *Towards Inclusive Education: A Necessary Process of Transformation*. Children and Young People with Disability Australia. https://minifi.ca/G9dUk

Cologon, K. (2020). Is inclusive education really for everyone? Family stories of children and young people labelled with 'severe and multiple' or 'profound' 'disabilities'. *Research Papers in Education, 37*(3), 395-417. https://doi.org/10.1080/02671522.2020.1849372

CREA – Centro de Investigación en Teorías y Prácticas Superadoras de las Desigualdades (2011). *Actuaciones de éxito en las escuelas europeas*. Ministerio de Educación y Ciencia. Colección Estudios CREADE, 9. https://minifi.ca/A3sNh

Danforth, S. y Rhodes, W.C. (1997). Deconstructing Disability: A Philosophy for Inclusion. *Remedial and Special Education, 18*(6), 357-366. https://doi.org/10.1177/074193259701800605

Echeita, G. y Calderón Almendros, I. (2014). Obstáculos a la inclusión: cuestionando concepciones y prácticas sobre la evaluación psicopedagógica. *Àmbits de Psicopedagogia i Orientació, 41*. http://ambitsaaf.cat/article/view/805

Elliot, J. (2000). *Cambio educativo desde la investigación-acción*. Editorial Morata.

European Agency for Development in Special Needs and Inclusive Education (EASNIE) (2018). *Evidence of the link between inclusive education and social inclusion: A review of the literature*. EASNIE. https://www.european-agency.org/resources/publications/evidence-literature-review

European Agency for Development in Special Needs and Inclusive Education (EASNIE) (2022). *Voices into Action – The Voices of Learners and their Families in Educational Decision-Making: Literature Review*. EASNIE. https://www.european-agency.org/resources/publications/voices-action-literature-review

Fals Borda, O. (2009). La Investigación-Acción en convergencias disciplinarias. *Revista PACA, 1*, 7-21. https://dialnet.unirioja.es/servlet/articulo?codigo=8686837

Fernández Morán, E., Quer Sopeña, L. y Securún Fuster, R. M. (1997). *Rincón a Rincón. Actividades para trabajar con niños y niñas de 3 a 8 años*. Octaedro.

Fielding, M. (2018). Democracia radical y la voz del alumnado en escuelas de secundaria. *Voces de la Educación, Número Especial,* 28-42. https://hal.science/hal-02523878/document

Fisher, D., Roach, V. y Frey, N. (2002). Examining the general programmatic benefits of inclusive schools. *International Journal of Inclusive Education,* 6(1), 63-78. https://doi.org/10.1080/13603110010035843

Flecha, R. y Puigvert, L. (2002). Las comunidades de aprendizaje: una apuesta por la igualdad educativa. *REXE: Revista de estudios y experiencias en educación,* 1(1), 11-20. https://doi.org/10.21703/rexe.v1i1.279

Freinet, C. (1998). *Técnicas Freinet en la escuela moderna.* Siglo XXI.

Freire, P. (1984). *La importancia de leer y el proceso de liberación.* Siglo XXI.

Fullan, M. (2007). *The New Meaning of Educational Change.* Teachers College Press.

Fundación Secretariado Gitano (2013). *El alumnado gitano en secundaria. Un estudio comparado.* Ministerio de Educación, Cultura y Deporte. https://bit.ly/3aXpLiu

Gardner, H. (2012). *Inteligencias múltiples: La teoría en la práctica.* Editorial Paidós.

Gaventa, J. (1993). The powerful, the powerless, and the experts: Knowledge struggles in an information age. En P. Park, M. Brydon-Miller, B. Hall y T. Jackson (eds.), *Voices of change: Participatory research in the US and Canada* (pp. 21-40). Bergin and Garvey.

Gimeno Sacristán, J. (2021). *La pedagogía por objetivos: Obsesión por la eficiencia.* Morata.

González Gándara, D. (2022). *Orientación educativa para 2030: Manual básico.* Publicación independiente. j

Gould, S. J. (1997). *La falsa medida del hombre.* Crítica.

Greenwood, D. (2016). Investigación Acción Pragmática. En G. Damonte y M. García (eds.), *La investigación acción participativa: referente inspirador de investigación y docencia sobre el agua en América Latina.* Ediciones Tarea.

Haug, P. (2017). Understanding inclusive education: Ideals and reality. *Scandinavian Journal of disability Research,* 19(3), 206-217. http://dx.doi.org/10.1080/15017419.2016.1224778

Hehir, T., Grindal, T., Freeman, B., Lamoreau, R., Borquaye, Y. y Burke, S. (2016). *Resumen de evidencia sobre la educación inclusiva.* Instituto Alana y Abt Associates. https://minifi.ca/wAdTM

hooks, b. (1989). *Talking Black: Thinking Feminist, Thinking Black.* Routledge.

Inclusion BC (2017). *Implementing Inclusion in BC's Public Schools. Report on the June 14, 2017 Inclusive Education Summit.* Richmond, BC. https://bit.ly/3xgICOr

Instrumento de Ratificación de la Convención sobre los derechos de las personas con discapacidad, hecho en Nueva York el 13 de diciembre de 2006. Boletín Oficial del Estado, 96, de 21 de abril de 2008. https://www.boe.es/buscar/pdf/2008/BOE-A-2008-6963-consolidado.pdf

Jackson, R. (2008). *Inclusion or Segregation for Children with an Intellectual Impairment: What Does the Research Say?* Queensland Parents for People with a Disability. https://minifi.ca/4K3Z7

Jordan, A., Glenn, C. y McGhie-Richmond, D. (2010). The Supporting Effective Teaching (SET) Project: The Relationship of Inclusive Teaching Practices to Teachers' Beliefs about Disability and Ability, and about Their Roles as Teachers. *Teaching and Teacher Education, 26*(2), 259-266. https://doi.org/10.1016/j.tate.2009.03.005

Kaufman, A. S. y Lichtenberger, E.O. (1999). *Essentials of WAIS-III assessment.* John Wiley & Sons Inc.

Kemmis, S. (2010). Research for praxis: knowing doing. *Pedagogy, Culture & Society, 18*(1), 9-27. https://doi.org/10.1080/14681360903556756

Kemmis, S. y McTaggart, R. (2000). Participatory Action Research. En N. Denzin y Y. Lincoln (eds.), *Handbook of Qualitative Research* (567-606). Sage Publications.

Lago, J. R. y Onrubia, J. (2022). *Innovación y mejora de la práctica educativa: una estrategia colaborativa.* Octaedro.

Lapierre, A. y Aucouturier, B. (1967). *La simbología del movimiento.* Ed. Científico Médica.

Lapierre, A., Llorca, M. y Sánchez, J. (2015). *Fundamentos de intervención en Psicomotricidad Relacional: Reflexiones desde la práctica.* Ediciones Aljibe.

Lewin, K. (1946). Action research and minority problems. *Journal of Social Issues, 2*(4), 34-46. https://doi.org/10.1111/j.1540-4560.1946.tb02295.x

Lindsay, G. (2007). Annual review: Educational psychology and the effectiveness of inclusive education/mainstreaming. *British Journal of Educational Psychology, 77*, 1–24. https://doi.org/10.1348/000709906X156881

Lipsky, D., y Gartner, A. (1996). Inclusion, school restructuring, and the remaking of American society. *Harvard Educational Review, 66,* 762-797. https://doi.org/10.17763/haer.66.4.3686k7x734246430

Long, M. (2015). *"Si yo fuese Ministra de Educación, cambiaría todo esto". Entrevista a la experta Mireia Long sobre la revolución educativa del siglo XXI.* El Blog Alternativo. https://minifi.ca/FA0__

López Reyes, R. (@Orientacion educativa sistémica) (3 de agosto de 2017). *Del espacio del lápiz y papel, al papel del espacio. de los espacios enfermos que enferman, a los espacios sanos que sanan.* Facebook. https://lc.cx/-4b4Tg

Malaguzzi, L. (1984). *L'occhio se salt ail muro. Catalog of the Exhibit.* Comune di Reggio Emilia, Assesserato Istruzione.

Malaguzzi, L. (2001). *La educación infantil en Reggio Emilia.* Octaedro.

Mezzanotte, C. (2022). The social and economic rationale of inclusive education: An overview of the outcomes in education for diverse groups of students. *OECD Education Working Papers, 263.* https://doi.org/10.1787/bff7a85d-en

Ministerio de Educación y Formación Profesional (2023). *Datos y cifras. Curso escolar 2023/2024.* MEFP. https://minifi.ca/hj84a

Ministerio de Educación, Formación Profesional y Deportes (2024). *Datos y cifras. Curso escolar 2024/2025.* MEFPD. https://minifi.ca/VRuco

Moreno Parra, J., Fernández Torres, P. y Cortés González, P. (2022). La inteligencia en la formación inicial de los orientadores. Perspectivas discentes. *Revista de Educación, 398,* 87-110. https://doi.org/10.4438/1988-592X-RE-2022-398-553

Moreno Parra, J. J. (2023). *Educación inclusiva, orientación escolar y respuesta a la diversidad. Narrativas en la formación del profesorado.* Tesis doctoral. Universidad de Málaga.

OCDE (2013). *PISA 2012 Results: Excellence Through Equity: Giving Every Student the Chance to Succeed (Volume II).* OCDE Publishing. https://doi.org/10.1787/9789264201132-en

OCDE (2018). *Panorama de la Educación 2018. Nota País.* https://bit.ly/2GiRZVx

Oliver, M. (1990). *The politics of disablement.* The Macmillan Press.

ONU (2008). *Convención sobre los derechos de las personas con discapacidad.* Organización de las Naciones Unidas. https://www.un.org/esa/socdev/enable/documents/tccconvs.pdf

ONU (2013). *Estudio temático sobre el derecho de las personas con discapacidad a la educación. Informe de la Oficina del Alto Comisio-*

nado de las Naciones Unidas para los Derechos Humanos. Organización de Naciones Unidas. https://undocs.org/A/HRC/25/29

ONU (2016). *Observación General núm. 4 (2016) sobre el derecho a la educación inclusiva*. Organización de las Naciones Unidas. https://docs.un.org/es/CRPD/C/GC/4

ONU, Comité sobre los Derechos de las Personas con Discapacidad (CDPD) (2017). *Informe de la investigación relacionada con España bajo el artículo 6 del Protocolo Facultativo*. CRPD/C/20/3. Organización de las Naciones Unidas. https://minifi.ca/qfQt7

ONU, Comité sobre los Derechos de las Personas con Discapacidad (CDPD) (2020). *Dictamen aprobado por el Comité en virtud del artículo 5 del Protocolo Facultativo, respecto de la comunicación núm. 41/2017*, CRPD/C/23/D/41/2017. Organización de las Naciones Unidas. https://bit.ly/3sZJ40U

ONU, Comité sobre los Derechos de las Personas con Discapacidad (CDPD) (2024). *Seguimiento a la Investigación sobre España realizada por el Comité en virtud del artículo 6 del Protocolo Facultativo de la Convención*. Organización de las Naciones Unidas. CRPD/C/ESP/FUIR/1. https://minifi.ca/b1YCk

Orientación Educativa Sistémica (@Orientación educativa sistémica) (14 de enero de 2018). *Otoño, Infierno, primera vez, cielo… y de nuevo otoño, de un orientador ante la educación inclusiva*. Facebook. https://bit.ly/3GOOxgE

Orientación Educativa Sistémica (@Orientación educativa sistémica) (27 de enero de 2018). *El manicomio no es un espacio, es un criterio… Y el aula, también*. Facebook. https://bit.ly/3zCDw0o

Orientación Educativa Sistémica (@Orientación educativa sistémica) (21 de abril de 2018). *El Daguerrotipo del Aula*. Facebook. https://bit.ly/3HiAY9K

Ovejero, A. (2003). *La cara oculta de los test de inteligencia*. Biblioteca Nueva.

Pujolàs, P. (2004). *Aprender juntos alumnos diferentes. Los equipos de aprendizaje cooperativo en el aula*. Octaedro.

Purdue, K., Ballard, K. y MacArthur, J. (2001). Exclusion and Inclusion in New Zealand Early Childhood Education: Disability, Discourses and Contexts. *International Journal of Early Years Education, 9*(1), 37-49. https://doi.org/10.1080/09669760123904

Romera, M. y Martínez, O. (2019). *La asamblea de clase: una experiencia de infantil a secundaria*. Itkbooks.

Rosenthal, R. y Jacobson, L. (1980). *Pygmalion en la escuela. Expectativas del maestro y desarrollo intelectual del alumno*. Marova.

Ruppar, A. L., Allcock, H.C. y Gonsier-Gerdin, J. (2017). Ecological Factors Affecting Access to General Education Content and Contexts for Students with Severe Disabilities. *Remedial and Special Education*, *38*(1), 53-63. https://doi.org/10.1177/0741932516646856

Sábato, E. (18 de mayo de 2004). Discurso pronunciado por el autor durante la presentación del Plan Nacional de Lectura en Buenos Aires.

Sastre, A. y Escorial, A. (coords.) (2016). *Necesita mejorar. Por un sistema educativo que no deje a nadie atrás*. Save the Children. https://bit.ly/2KbJxIj

Selvini, M. (2004). *El mago sin magia: como cambiar la situación paradójica del psicólogo en la escuela*. Paidós.

Sepúlveda, M. P., Calderón Almendros, I. y Torres, F. J. (2012). De lo individual a lo estructural. La investigación-acción participativa como estrategia educativa para la transformación personal y social en un centro de intervención con menores infractores. *Revista de Educación*, *359*, 456-480. https://doi.org/10.4438/1988-592X-RE-2011-359-102

Shapon-Shevin, M. (2013). La inclusión real: Una perspectiva de justicia social. *Revista de Investigación en Educación*, *11*(3), 71-85. https://revistas.uvigo.es/index.php/reined/article/view/1969/1880

Skliar, C. (@conversacionesentrecualesq2875) (30 de marzo de 2020). *Conversación entre cualesquiera*. [Video] https://youtu.be/N4CJtIV2MlI?si=YlmdjrNyqqLmi0Ep

Skliar, C. (2019). *La inútil lectura*. Mármara.

Slee, R. (2001). Social justice and the changing directions in educational research: The case of inclusive education. *International Journal of Inclusive Education*, *5*, 167-177. https://doi.org/10.1080/13603110010035832

Slee, R. (2012). *La escuela extraordinaria. Exclusión, escolarización y educación inclusiva*. Morata.

Slee, R. y Allan, J. (2001). Excluding the Included: A Reconsideration of Inclusive Education. *International Studies in Sociology of Education*, *11*(2), 173-192. https://doi.org/10.1080/09620210100200073

Spearman, C. (1923). *The nature of intelligence and the principles of cognition*. Macmillan.

Sternberg, R. J. (1981). The evolution of theories of intelligence. *Intelligence*, *5*, 209-230.

Szumski, G., Smogorzewska, J. y Karwowski, M. (2017). Academic achievement of students without special educational needs in inclusive classrooms: A meta-analysis. *Educational Research Review, 21*, 33-54. https://doi.org/10.1016/j.edurev.2017.02.004

Taylor, S. J. y Bogdan, R. (1987). *Introducción a los métodos cualitativos de investigación. La búsqueda de significados.* Paidós.

Thomson, G. H. (1939). *The factorial analysis of human ability.* University of London Press.

Thurstone, L. L. (1938). *Primary mental abilities.* University Chicago Press.

Tomlinson, C. A. (2001). *El aula diversificada.* Octaedro.

Tonucci, F. (1990). *Enseñar o aprender.* Graó.

Trujillo, F. (2015). *Aprendizaje basado en proyectos. Infantil, Primaria y Secundaria.* Ministerio de Educación, Cultura y Deporte.

UNESCO (1994). *Final Report: World conference on special needs education: Access and quality.* UNESCO. https://unesdoc.unesco.org/ark:/48223/pf0000110753.locale=en

UNESCO (2017). *Guía para asegurar la inclusión y la equidad en la educación.* UNESCO. https://unesdoc.unesco.org/ark:/48223/pf0000259592

UNESCO (11 al 13 de septiembre de 2019). *Educación inclusiva para personas con discapacidades: ¿estamos logrando avances? Documento de discusión.* Foro Internacional sobre Inclusión y Equidad en la Educación «Todas y todos los estudiantes cuentan». Cali, Colombia. https://unesdoc.unesco.org/ark:/48223/pf0000370386_spa.locale=en

UNESCO (2020). *Informe de seguimiento de la educación en el mundo, 2020: Inclusión y educación: todos y todas sin excepción.* UNESCO. https://unesdoc.unesco.org/ark:/48223/pf0000374817

UNESCO (2021). *Llegando a todos los estudiantes: una caja de recursos de la UNESCO-OIE para apoyar la inclusión y la equidad en la educación.* UNESCO-Oficina Internacional de Educación. https://unesdoc.unesco.org/ark:/48223/pf0000383824_spa

UNESCO (2025). *SDG4 scorecard progress report on national benchmarks: focus on the out-of school rate.* UNESCO. https://doi.org/10.54676/SKLD4888

UNICEF, Inclusion International & Catalyst for Inclusive Education (2021). *Our opinion matters. Perspective of boys, girls and adolescents on discrimination and barriers to Inclusive Education.* UNICEF. https://www.unicef.org/lac/en/reports/our-opinion-matters

Wood, D. J., Bruner, J. S. y Ross, G. (1976). The Role of Tutoring in Problem Solving. *Journal of Child Psychiatry and Psychology, 17*(2), 89-100. https://doi.org/10.1111/j.1469-7610.1976.tb00381.x

Ziljak, O. (2013). Learning outcomes and inclusive education of students with Intellectual disabilities. *Revija za socijalnu politiku,* *20*(3), 275-291. https://doi.org/10.3935/rsp.v20i3.1145

9. Recursos útiles en la tarea de revolucionar la evaluación y el aula

Guías

Cómo disentir. Una guía (o compañía). Un texto publicado por la editorial Octaedro en el que se desarrollan una serie de pasos que pueden servir a cualquiera en su tarea de mostrar su disconformidad con lo que ocurre en la escuela y proponer alternativas. Disponible en https://octaedro.com/libro/como-disentir/

Cómo hacer inclusiva tu escuela. Una guía publicada por el Ministerio de Educación y Formación Profesional creada por estudiantes y dirigida a otros estudiantes para hacer sus propias escuelas más inclusivas. Disponible en https://minifi.ca/0vZqq

Cómo hacer Investigación-Acción Participativa. Una guía publicada por el Ministerio de Educación y Formación Profesional dirigida a comunidades escolares que quieren avanzar en su inclusión a través de la participación. Disponible en https://minifi.ca/Ves2n

Guías «La Aventura de Aprender». Una colección de guías didácticas que tienen por objetivo la puesta en marcha de proyectos de colaboración y cooperación. Disponible en https://laaventura deaprender.intef.es/guias/proyectos-colaborativos/

Llegando a todos los estudiantes. Una caja de recursos de la Oficina Internacional de Educación de la UNESCO para apoyar la inclusión y la equidad en la educación. Disponible en https://unesdoc.unesco.org/ark:/48223/pf0000383824_spa.locale=en

Videotutoriales

Se trata de una serie de vídeos breves, de unos cinco minutos, en los que se condensa la información necesaria y se acompaña a cualquier persona en la tarea de investigar su propia realidad. Están diseñados para que tu comunidad investigue, e irán ampliándose progresivamente (https://minifi.ca/YymxA). Destacamos los siguientes:

Cómo hacer entrevistas. Este tutorial muestra cómo hacer entrevistas a la comunidad educativa para construir una investigación junto a las personas implicadas. Ofrece información sobre qué es una entrevista y los tipos que existen, las actitudes personales y los materiales que se necesitan, así como los pasos a seguir para poder llevarla a cabo. Disponible en https://youtu.be/R2UX6sNjkDU

Cómo hacer historias de vida. Las historias de vida pueden servir para conocer realidades vividas por personas de nuestra comunidad, algunas de ellas desconocidas por muchos. Se trata de ofrecer una ventana a realidades a las que las escuelas no pueden ser ajenas. La educación inclusiva requiere que pongamos en valor las vidas de toda la gente, porque todas las personas tienen igual valor y dignidad. Disponible en https://youtu.be/OAEFpWCaNic

Cómo hacer incidencia política. Influir en la política es uno de los puntos fundamentales de la investigación-acción. Es una herramienta útil para cambiar el mundo que nos rodea. En este videotutorial puedes encontrar un guía-resumen sobre algunos pasos a seguir para conseguir cambios a nivel (macro)político. Disponible en https://youtu.be/2AnTLHaPIHg

Cómo hacer inclusiva tu escuela. Este tutorial hace una introducción la guía del mismo título, realizada por estudiantes de diferentes partes de España. En esta guía, los estudiantes nos muestran una serie de pasos y consejos que podemos seguir para conseguirlo, adquiriendo un importante valor la participación activa de toda la comunidad. Disponible en https://youtu.be/k-8Vp9sSf1s

Cómo seleccionar un problema. Para lograr una escuela inclusiva necesitamos identificar los principales problemas que se dan en ella. En este videotutorial encontrarás los pasos que seguir para saber cómo seleccionar un problema objeto de estudio. Para ello, es primordial trabajar de forma conjunta docentes, alumnos/as, familias, equipo directivo, etc., los cuales deben aportar información que les ayude a seleccionar un problema que sea significativo y con el que se resuelvan más problemas. Disponible en https://youtu.be/eHw1krDiXdM

Devolver la información a la comunidad. La devolución de la información es una de las fases en la que os encontraréis si hacéis una investigación acción participativa. Llegados a este punto de la investigación, necesitaréis, como grupo motor de la misma, transmitir a todas las personas que han participado, o a otras personas de la comunidad, la información recogida. En este videotutorial puedes encontrar una aclaración de lo que supone esta fase, aquellos aspectos imprescindibles para poder llevarla a cabo, así como propuestas, ideas y ejemplos de cómo devolver la información de tu investigación. Disponible en https://youtu.be/rRwurfNy3eU

Hacer una investigación Acción Participativa. La investigación-acción participativa es una forma de investigar la realidad para poder conocerla y mejorarla de forma colaborativa. Aprender entre todos y todas es la forma que tenemos de superar las barreras y problemáticas que surgen en la escuela. En este videotutorial podrás aprender en qué consiste la investigación acción participativa y qué pasos debes seguir para poder llevarla a cabo junto a tu comunidad educativa. Disponible en https://youtu.be/RY1XVyySDs8

Recoger información de la comunidad. En este tutorial encontraremos una pequeña parte del engranaje para mejorar nuestra escuela de una forma participativa a través de la investigación-acción. En este caso, se muestra cómo podemos hacer para recoger información de la comunidad con la intención de construir nuestra investigación junto al resto de personas implicadas en la realidad de la escuela. Disponible en https://youtu.be/DK2-gZoiAj4

Otros recursos

Blog *Quererla es Crearla* en *El Diario de la Educación*. Desde el inicio de 2024, el movimiento alojó sus entradas de blog en El Diario de la Educación, con reflexiones de toda la comunidad acerca de la educación inclusiva, así como de los avances, problemas y dilemas que se desarrollan en la agenda. Con ilustraciones de Raúl Aguirre, el blog supone un punto de encuentro con la sociedad más amplia, que necesita informarse y formar parte de la toma de decisiones sobre la mejora de la educación. https://eldiariodelaeducacion.com/quererla-es-crearla/

Campaña divulgativa por la educación inclusiva «Quererla es crearla». Vídeo de animación realizado por Manu Viqueira bajo la dirección y guion de Quererla es Crearla. Disponible en https://creemoseducacioninclusiva.com/quererla-es-crearla/

Conversaciones sobre la escuela (inclusiva). Una serie de conversaciones *online* que pretendían ser un espacio en el que pensar públicamente sobre la realidad que vivimos en nuestras escuelas y en el que proyectar la escuela que deseamos. Las sesiones fueron grabadas y difundidas por las redes sociales y utilizadas a efectos de investigación pedagógica. Participaron más de 200 personas, razón por la que se dividieron operativamente los encuentros por colectivos, en los que participaron primero solo familias, después estudiantes, profesionales, investigadores/as y políticos. Las grabaciones están disponibles con decenas de miles de visualizaciones, y de ella emerge el libro *Análisis y propuestas para una nueva Ley Educativa* (Octaedro, 2020). Todo está disponible en https://minifi.ca/PptUp

Decidimos Educación Inclusiva. Plataforma de participación ciudadana, el espacio participación y de creación colaborativa de la comunidad Quererla es Crearla. La plataforma está alojada en el servidor de la Universidad de Málaga. https://decidimos educacioninclusiva.uma.es/

Documental *Educación inclusiva. Quererla es crearla.* Un documental dirigido por Cecilia Barriga que aborda el sentido profundamente humano de la educación inclusiva y la necesidad de generar un movimiento social que la haga realidad. Información disponible en https://tinyurl.com/29mrc499

Publicaciones científicas de Quererla es Crearla. El trabajo desarrollado en el movimiento ha ido aparejado con un abundante número de publicaciones científicas de primer nivel internacional, fruto del trabajo de investigación promovido desde la Universidad de Málaga. Del mismo modo, los principales aportes han ido presentándose en algunos de los congresos de investigación educativa más importantes del mundo. Esta página recopila las principales producciones científicas y académicas. https://creemoseducacioninclusiva.com/documental-quererla-es-crearla/

Red de escuelas por la inclusión y la equidad. Un conjunto de escuelas que se unen para avanzar en el desafío de desarrollar instituciones escolares más inclusivas, ofreciendo oportunidades de aprendizaje y una red social que apoye a todo el alumnado sin excepción. Esto implica la construcción de comunidades escolares más acogedoras y creativas, que valoren las diferencias y crezcan de forma sistemática a partir de ellas. https://minifi.ca/8VLAa

Una escuela trabajando por sus sueños. Información acerca de la experiencia en construcción del CEIP La Parra (Almáchar, Málaga), que viene desarrollando un proceso de investigación acción participativa. Disponible en https://minifi.ca/hR3h7

Una orientación para la educación inclusiva. Se trata de la página del colectivo AlterEvaluación, que ha construido esta guía. Esta página se irá actualizando con la intención de hacer redes territoriales de formación en la que los propios creadores y creadoras de la guía pongan sus reflexiones y aprendizajes al servicio de otros miembros interesados en transformar sus prácticas. Disponible en https://minifi.ca/BJjfr

Website **de Quererla es Crearla.** Campamento base del movimiento por la educación inclusiva que sustenta esta guía. En ella podrás encontrar un manifiesto, bibliografía básica sobre educación inclusiva, una selección de textos legales y un conjunto de herramientas y experiencias en construcción para hacer realidad la educación inclusiva. https://creemoseducacion inclusiva.com/

Workshop **Orienta: nuevas miradas en la orientación escolar, para la infancia y contra la segregación.** Un encuentro de trabajo desarrollado en Málaga en febrero de 2018 que buscaba la comunicación igualitaria de dos colectivos (profesionales de las escuelas y familias con hijos e hijas escolarizados), con el objeto de realizar una evaluación preliminar de la experiencia de la orientación en las escuelas del Estado español, que tienen que ser inclusivas. Para ello se desarrolló un día intensivo de asambleas, exposiciones y talleres para personas implicadas en la inclusión educativa, que finalizaría con líneas estratégicas para seguir trabajando por la transformación necesaria de las escuelas. Se trata del antecedente de la presente guía, y toda la información de aquel encuentro está disponible en https://minifi.ca/4HSMn

Workshop **Crearla: construyendo colectivamente para impulsar la escuela inclusiva.** Un encuentro entre familias, estudiantes y profesionales desarrollado en octubre de 2022 en Madrid, en el que se compartió un nuevo diagnóstico de la realidad escolar en relación con la inclusión, construido colectivamente durante los últimos cuatro años. Desde ese punto de partida, se generó un diálogo igualitario en el que construir líneas estratégicas para seguir trabajando de forma participativa, organizada y sistemática durante el año siguiente. Cada participante se comprometía con la transformación del sistema educativo. https://minifi.ca/-02sZ

Workshop **Cataliza: impulsando redes y acciones inclusivas entre culturas, comunidades escolares y personas.** Un encuentro internacional entre familias, estudiantes y profesionales y otros agentes comunitarios celebrado en Barcelona en octubre de 2024 para impulsar el movimiento por la educación inclusiva y la construcción de escuelas más humanas. El objetivo era continuar el trabajo participativo, organizado y sistemático que Quererla es Crearla venía desarrollando desde hacía más de seis años y promover la construcción de una red internacional de escuelas por la inclusión y la equidad, dirigida a facilitar y acelerar el proceso de transformación de nuestros sistemas educativos para hacerlos más inclusivos. https://creemo seducacioninclusiva.com/creamos/workshopcataliza/

Índice